sapientia
サピエンティア 08

政治的平等とは何か

On Political Equality

R・A・ダール［著］
飯田文雄・辻康夫・早川誠［訳］

法政大学出版局

Robert A. Dahl
On Political Equality

Japanese translation published by arrangement with
Yale University Press
through The English Agency（Japan）Ltd., Tokyo

ネッド、シャーロット、アンジェリカ、そしてデイヴィッドへ

目　次

はしがき

この短い本において私は、政治的平等という、これまでに長いあいだ関心をもち続け、以前の著作でもしばしば論じた主題に立ち戻りたい。後の章における議論の基礎を提供するために、第2章では、こうした以前の著作から自由に引用をおこなった。そこで、以前からの議論をよくご存じの読者は、その章については急いで一読したり、あるいはまったく読まずにすませて、本書の残りの部分に進むことを望まれる場合も出てくるだろう。

以前の著作で強調しておいたように、政治的平等の存在はデモクラシーの基本的な前提である。だが、政治的平等の意味や、それとデモクラシーとの関係、さらに市民が公的な決定に影響を及ぼすために用いることができる諸資源の配分と政治的平等との関係は、私の思うところでは、十分に理解されているとは言いがたい。くわえて、デモクラシーの理念それ自体や、それ以外の大多数の理念の場合とも同様に、人間性や人間社会がもっているある種の基本的な側面のゆえに、民主的な国家の市民相互のあいだにおいて完全な政治的平等の理念が真に実現することには妨げが生じる。しかし、人類史上において生じたもっとも深遠な変化のひとつの過程で、一九世紀後半以降、デモクラシーと政治的平等の理念は世界中で大きな進展を示した。

どうすればこの例外的な変化を理解することができるのだろうか。ここで主張したいことは、このことを説明するためには、人間を何らかの行動——ここでは、政治的平等へと向かう運動を支持するような行動——へと駆り立てる、ある種の人間としての基本的な資質を探求する必要がある、という事実である。

とはいえ、こうした基本的な欲求は、これまでの何世紀もの時代、あるいは二〇世紀と比べてさえ、しだいに異なったかたちをとりつつある世界のなかで作用することになる。それでは、二一世紀の世界は、政治的平等の実現という目標にとってどの程度好都合なものとなる可能性が高いのだろうか。

もし話の焦点をアメリカに絞るなら、その答えは不明確である。最後の章で、二つの根本的に異なるシナリオを呈示しておいた。そのうち一方は悲観的なものであり、他方は楽観的なものだが、私はその両者のいずれもが、実現するもっともらしい理由を相当程度備えていると信じている。第一のシナリオでは、国際的および国内的に強力な力が作用し、政治的不平等が取り返しのつかないレヴェルまで進行する結果、現存する民主的な諸組織は激しく傷つけられ、デモクラシーや政治的平等の理念が実質的に無意味なものとなってしまう。他方、より楽観的なシナリオでは、人間のもつ基本的で強力な欲求、すなわち福利や幸福に対する欲求が文化的変容を引き起こす。現在支配的な、競争的で消費志向の文化が、より多くの幸福を生み出すことにつながらないという事実に対してしだいに自覚が高まる結果、アメリカ市民相互のあいだにより大きな政治的平等を実現することを強く奨励する、シティズンシップの文化が生み出されることになる。

こうした将来像のうちのいずれが有力なものとなるのかは、今後何世代かのアメリカ市民のあり方いかんにかかわっている。

謝　辞

この小さな本を書くに際して、私は非常に多くの人びとからの助力を受けた。デイヴィッド・メイヒューとイアン・シャピローは初期段階の草稿に対して示唆に富んだコメントを与えてくれたが、それは本書の文章に改善を加えていく際に役立った。しかも彼らは、それだけではなく、多くの修正を施す必要のある文章と格闘する気持ちを維持できるように、励ましを与えてくれた。この初期段階の草稿を読んで、ベルヌート・ハグトベートは有益なコメントを与えてくれ、これをいつか出版するようにと強く勧めてくれた。ステファン・スミスは、もとの草稿にあったいくつかの誤りを直してくれた。ジェニファー・ホッフスチャイルドとフレッド・グリーンシュタインは、私がイェール大学出版会に提出した修正版の原稿を読んで、非常に有意味で詳細なコメントを与えてくれ、私はそれに対し考えをめぐらせ対応を試みることとなった。その後に、私は自分の議論の構造を実質的に変えることを決断したが、そのことによって、議論は相当程度一貫したものになったのではないかと信じている。ステファン・カプランとモリー・ルイスは、すべての図と表のもとになる研究をおこない、その初期段階での草稿を作ってくれた。マイケル・コペッジに対して、これまでも感謝の念を感じていたが、彼が今回ふたたび親切にも、いくつかの図のもとになる国別ランキングを提供してくれた結果、その感謝はさらに大きなものになった。また最終章の註で指摘しておいたように、ロバート・レインが、その著作および長年にわたる会話を通じて、人間の幸福の源泉に関する私の理解に対して重要な貢献をしてくれたことについて深く感謝したい。そして最終章では、こうした彼の貢献に大きく依拠することとなった。最後に、イェール大学出版会のジョン・ドナティッチとケイス・コンドンに対して、私が文章に改訂を加えているあいだに熱のこもった励ましと忍耐をもって接してくれたことに感謝を捧げたい。また、ジェフ・シラーに対しては、考え抜かれ細心の注意を払った編集作業をしてくれたことについて。

政治的平等とは何か

凡　例

一、本書は、Robert A. Dahl, *On Political Equality* (New Haven & London: Yale University Press, 2006) の全訳である。

一、文中の（　）、［　］は原著者によるものである。

一、原文中の引用符は「　」で括った。また、大文字で記された文字および文章にも、一部「　」で括った箇所がある。

一、原文中の（　）、――については、一部取り外して訳出した。

一、原文中でイタリック体で記された箇所は、原則として傍点を付した。

一、文中に訳者が挿入した語句および簡単な訳註は〔　〕で示した。

一、引用文献中で邦訳のあるものは適宜参照したが、訳文はかならずしもそれに拠らない。

一、原註は（1）というかたちで記し、巻末に掲載した。

一、邦訳の書誌情報は、できる限り示した。複数の訳がある場合には、原則として最新のものを優先した。

一、原著の明らかな間違いや体裁の不統一について、訳者の判断で整理した箇所もある。

一、索引は原著をもとに作成したが、一部訳者のほうで整理した部分がある。

第1章 序 論

すべての成人が政治的に平等な存在として扱われる権利をもつという主張は、人類史上の多くの時期においては、まったくのナンセンスとみなされ、また支配者にとっては危険かつ反逆的で、禁止すべきものと考えられた。

一八世紀以降、民主的な思想と信条が広まるなかで、かつて反逆的とされた主張はありきたりの文句へと変化するにいたった。その結果〔今日では〕、この主張に沿った統治をおこなっていない権威主義的な支配者ですら、公式のイデオロギーの表明にあたっては、この主張を支持するほどである。

しかし、民主的な国々においてすら、政治的平等という目標と、その実現の程度とのあいだのギャップはきわめて大きい。この点は、政治の現実を注意深く観察する市民であれば誰でもそう判断せざるをえない。アメリカ合衆国を含むいくつかの民主制国家においては、そのギャップは拡大しつつある可能性があり、この目標の意味が失われる危険さえ感じられる。

政治的平等という目標は、人間の能力の限界を超えており、より容易に実現できる目標や理念を追求すべきなのであろうか。それとも、〔政治的平等の〕理念と現状のギャップを大きく埋める変化を起こすことが、人間の限られた能力の範囲内にあるのだろうか。

これらの問いに十分に答えることは、この短い本の限界を超える。私はまず、デモクラシーの理念が、政治的平等が望ましいことを前提とする、と想定することから始めたい。この想定のもとでは、もしわれわれがデモクラシーを目標ないし理念として信奉するならば、政治的平等を目標ないしは理念とみなさなければならないことになる。私はいくつかの著作において、これらの想定がきわめて妥当と思われる理由、またそれらが与える目標が人間の能力の範囲内にあり、実現可能で現実的と考えられる理由を明らかにした[1]。本書第2章においては、これまでの著作から引用しつつ、私がこのように判断する理由を要約したい。

第3章以下では、実現可能な目標としての政治的平等の意義について、さらなる考察を加えたい。そのための重要な証拠として、「民主的」な諸制度の歴史的な発展と、より多くの成人を包摂する市民権の拡大の過程をとりあげる。第4章では、この驚くべき、そして歴史上前例のない、政治的平等性に向かう展開の理由を説明するために、いくつかの広範にみられる――普遍的とさえいえる――人間的欲求の重要性を強調したい。

そこで人間がもつこれらの基本的な性質や能力のゆえに、政治的平等が（完全には達成できないとしても）実現可能な目標として支持されるとしよう。しかし同時にわれわれは、政治的平等に対する持続的な障害を引き起こす、人類および人間社会の根本的な諸要素についても考察しなければならない。第5章ではこの点を考察する。

つぎにアメリカ合衆国の未来に目を向ければ、〔政治的平等への〕障害が増大し、政治的不平等が大きく増大するというリアルな可能性を容易に思い描くことができる。第6章では、このような未来の可能性を検討する。

最終章では、より希望に満ちたもうひとつの未来について述べる。人間の基本的な欲求が文化的変容を引き起こし、その結果、現在アメリカの市民のあいだに存在する政治的不平等が少なからず減少するにいたるというものである。

二つの未来――あるいは別の未来――のいずれが実現するかを予言することは、私の能力を超えている。しかしこれを決するうえで、われわれおよびわれわれの後継者の、個人的および集合的な努力と行動が強い影響を与えることができる、と私は確信している。

第2章　政治的平等は適切な目標か

二つの想定がなされるなら、政治的平等とデモクラシーを求める主張はきわめて強力なものになる。これら二つの想定はいずれも理性的で開かれた公共の議論において、拒否することが困難なものである。第一の想定は、すべての人間は等しい本質的価値をもっており、誰も他人よりも本質的に上位にはなく、すべての人の幸福や利益が等しく考慮されなければならないという道徳的判断である[1]。これを本質的平等の想定と呼ぶことにしよう。

ところで、こうした道徳的判断を受け入れるとしても、非常に難しい問題がただちに生じることになる。すなわち、誰が、あるいはどの集団が、個人にとっての真の幸福や利益を決定する資格をもつのであろうか。この問いに対する答えが、決定をおこなう状況、決定の種類、関係する人びとに応じて、異なったものになることは明らかである。しかし議論を国家統治の問題に限れば、つぎのように想定することがもっとも無難で賢明なことのように思われる。すなわち、成人のうちの誰も、国家統治の完全かつ最終的な権限をゆだねられるほど、統治する資質において他人から傑出していないというものである。

この賢明な判断には、洗練や限定を加える余地もあるが、少なくともつぎの三つの理由から、これと大きく異なる命題が支持されることは考えにくい。第一に、有名でしばしば引用されるアクトンの命題は、人間についての根本的な真理を表現しているように思われる。すなわち、権力は腐敗する、そして絶対的権力は絶対に腐敗するというものである。治世の初めに為政者がどのような意図をもち、「公共の善」に奉仕しようとする決意をもっていたとしても、やがてその決意は変質し、「公共の善」は彼ら自身の権力と特権を維持することと同一視されるようになるであろう。第二の理由は、つぎのようなものである。ジョン・ステュアート・ミルが論じたように、自由な議論や論争は、真理の追究、ないしは理性的に擁護しうる判断をおこなうために不可欠である。これと同様に、指導者の政策について自由に議論し反対する市民が統治をチェックしない場合、統治は失敗する可能性が高く、時には破滅的になる。この点は、近代の権威主義的な体制が十分に示したところである。(2) 最後に、多くの人びとが平等な市民権を否定された、もっとも重要な過去の事例を考えてみよう。労働者階級、女性、人種的・民族的少数派が政治参加から排除されていた時期に、彼らを支配する特権をもった人びとが彼らの利益を適切に考慮し擁護していた、と本当に信じる人が今日いるであろうか。

私は、ここにあげた理由が、政治的平等の拡大をもたらした人びとの念頭にあったと言うつもりはない。私が言いたいのは、道徳的で賢明な判断をおこなえば、政治的平等が、望ましく妥当な目標ないし理念として強く支持されるということだけである。

政治的平等とデモクラシー

政治的平等が国家（必ずしも他のすべての人間集団についてはそうでないとしても）を統治するうえで望ましいと結論するとして、それはどうすれば実現されるのであろうか。言うまでもなく、国家統治のための政治システムのなかで、その正統性と政治制度を政治的平等の観念から導き出す唯一のものがデモクラシーである。政治システムがデモクラシーの性格を備えるためには、いかなる政治制度が必要なのであろうか。また、どうしてそれらの制度が必要なのであろうか。

理念と現実

これらの問いに満足に答えるためにはデモクラシーの理念が必要になると考えられる。アリストテレスは現実のシステムを分類するために、国家制度の三つの理念型を用いることが有用であると考えたが、同じ理由で、デモクラシーの理念を説明することで、現実のさまざまなシステムを比較するモデルが与えられる。現実を比較するための理念をもたないと、われわれの議論は循環に陥るか、あるいはまったく恣意的なものになるだろう。たとえば、つぎのようなものになる。「アメリカ合衆国、イギリス、フランス、ノルウェーはすべてデモクラシーの国である。したがって、それらすべてに共通の政治の諸制度は、デモクラシーに必要な基本的諸制度にちがいない。これらの国はこれらの諸制度をもっているから、デモクラシーにちがいない」。

ここで注意しておくべきことは、システムの「理念」が二つの異なる、しかし完全に両立する目的に役立つことである。ひとつは、それは経験的ないしは科学的理論において役に立つ。もうひとつは、理念的目的・目標を示すことで、道徳的判断をおこなう際の助けになる。両者はしばしば混同されるが、第一の意味での「理念」が第二の意味での「理念」でもあるとは限らない。

経験的理論において、システムの理念の機能はそのシステムの特徴や完全な（理想的な）条件下における作動を描写することである。ガリレオは、大理石が斜面を転がり落ちる速度を測定することで、真空中（すなわち理想的な条件）における物体の落下速度を推測した。明らかに、彼は真空中の落下の速度を測定することはしなかったし、できなかった。しかし落下する物体についての彼の法則は、今日でも有効であり続けている。物理学においては、実験では実現できないが、十分な程度まで模倣できるような理想的な条件のもとで、物体や力がいかに作用するかに関して仮説を定式化することは、めずらしいことではない。同様に、ドイツの社会学者マックス・ヴェーバーが、「正統性をもつ支配の三つの純粋類型」を説明した際、彼はつぎのように述べている。「この分類の有用性は、体系的な分析を促進する効果によってのみ判断することができる。……通常、これらの三つの理念型のいずれも、……過去の事例のなかに『純粋』なかたちで見いだされるものではない(3)」。

理念の第二の意味は、望ましい目標として理解される。それは、日常の活動のなかでは完全には達成できないだろうが、しかし希求されるべき基準であり、それを背景にして、達成されたもの、現実に存在するものの良さや価値が測られるのである。

デモクラシーの定義ないし説明をおこなう場合、第一の目的のみをめざすことも可能である。あるいは第二の目的もめざすこともできる。経験的理論の助けとしては、デモクラシーの概念は、デモクラシーの擁護者ではなく、その批判者によってつくられることもありうる。その場合、デモクラシーの理念は、目標と、それへの接近の可能性とのあいだの大きなギャップのゆえに、人間の経験にとって不満足なもの、あるいは単に有効性をもたないものとされることもありうる。

デモクラシーの理念

デモクラシーの理念を描写するやり方は数多く存在するが、「*demos* + *kratia*」(人民による支配)

という語源から始めるのが便利であろう。ここでは、完全な政治的平等をもつのはどの「人民(ピープル)」であるかは問題にしないことにして、より中立的な言葉である「デモス」を使っておきたい。最低限、デモクラシーの理念は、つぎの特徴を要求すると私は考える。

・実効的な参加。集団の政策が決定される前に、デモスのすべてのメンバーが、ほかのメンバーに対してあるべき政策についての自らの見解を伝える機会を、平等かつ実質的にもっていなければならない。

・投票における平等。最終的に決定がおこなわれるときには、すべてのメンバーが投票する機会を平等かつ実質的にもっていなければならず、すべての票が等しいものとして数えられなければならない。

・理解を深めること。時間的に妥当な範囲内で、それぞれのメンバーが、政策の選択肢やそれらの帰結について知る機会を、平等かつ実質的にもっていなければならない。

・議題を最終的にコントロールすること。デモスは、メンバーが議題を選定する方法（および選定すべきであるかどうか）を、排他的に決定する機会をもつ。したがって、右の三つの特徴によって要請されるデモクラシーの過程は、決して閉じられない。メンバーが望む場合にはつねに、集団の政策はデモスによって変更されうる。

・包摂。デモスのすべてのメンバーは以上のようなやり方（実効的な参加、投票における平等、理解を深めること、議題を最終的にコントロールすること）で参加する権利をもつ。

・基本的諸権利。デモクラシーの理念の必然的な特徴のそれぞれには、特定の権利が対応する。そして、これらの権利自体も、理想的なデモクラシーの秩序の不可欠の要素である。すなわち、参加する権利、自らの票が他人の票と等しく数えられる権利、議題となっている事柄の理解に必要な知識を求める権利、議題の最終的な選定を同胞市民と対等な立場でおこなう権利、である。したがって、デモクラシーは政治的過程のなかにだけ存在するのではない。それは必然的に、基本的権利の体系でもある。

現実のデモクラシーのシステム

アリストテレスからルソーまで、さらにはその後の政治哲学者たちは、現実の政治システムのどれも、デモクラシーの理念の要請を完全に満たすことはないであろうと主張してきた。現実のデモクラシーの政治の諸制度は、政治システムがデモクラシーの相対的に高い水準を達成するために必要ではあるが、完全あるいは理念的なデモクラシーの実現には十分でないかもしれない。否、十分でないことはほぼ確実である。しかし、諸制度は理念に向かっての大きな一歩にもなりうる。たとえば、アテナイにおいて市民や指導者たち、政治哲学者たちが彼らのシステムを（理念的ではないにしても現存する）デモクラシーと名づけたときのように。あるいは、アメリカにおいて、トクヴィルがアメリカ内外の多くの人びとともに、それを躊躇なくデモクラシーと呼んだときのように。

もし単位がメンバーの数や領域に関して小さければ、合議型デモクラシーの政治制度は容易に、「人民による統治」の諸条件を満たすとみなされうるだろう。市民は彼らに提起される提案に関して、可能な限り調査する自由をもつことだろう。政策や提案を同胞市民と論じ、事情をよく知っていると思われる市民に情報を求め、文書やその他の情報源を探すことができることだろう。彼らは都合のよい場所で、つまりアテナイの丘、ローマの公共広場、ヴェネツィアのドゥカーレ宮殿、ニュー・イングランドの村のタウンホールのなどのような場所で、会合をもつことができるだろう。そこでは中立な司会者の指導のもとで、妥当な時間の限度の範囲で、討論し、修正し、提案できることであろう。最後に、彼らは票を投じ、すべての票が平等に数えられ、多数派の意見が採用されるであろう。

したがって、つぎのような事情の理由は容易に理解される。すなわち合議型のデモクラシーは、代議制がそうでありうるよりも、デモクラシーの理念にはるかに近いと、しばしば考えられた。また合議型デモクラシーのもっとも熱心な唱道者たちは、ルソーが『社会契約論』のなかで主張したように、しばしば代議制デモクラシーの語が自己矛盾だと主張したのである。もっとも、このような見解が多数の支持者を得ることはなかった。

代議制デモクラシーの政治制度

一九世紀と二〇世紀を通じて、ヨーロッパおよび英語圏諸国においては、代議制デモクラシーの統治に必要なひとそろいの政治制度が発展した。これらは全体としてみると、人類史上、新しく現われたものであった。[4] 憲法上の重要な差異はあったが、これらの政治制度は、その全体の輪郭において相互に似たものであった。それらのうちのもっとも重要なものは、つぎのようなものである。

・政府の重要な決定や政策は直接あるいは間接に、人民の選挙によって選ばれた公職者によって採用され、あるいは了承されなければならない。
・市民は、公平で適度に頻繁におこなわれる選挙に自由に参加する権利をもち、その選挙では通常、強制がおこなわれることはない。
・市民は選出される公職に立候補し、これを務める権利をもつ。もっとも、年齢や居住地に関する要件が課されることはありうる。
・市民は過酷な処罰を受ける危険なしに、政治的に重要な広い範囲の問題について、自らの考えを表明できる。

・すべての市民は、独立した情報源を他の市民、新聞、その他の多くのうちに探すことができる。さらに、政府その他の単一の集団の統制下にない情報源が現に存在し、その表現活動が法によって効果的に保護されている。

・かつてのデモクラシーや共和国においては、政治的「党派」は危険であり防がなければならないという見解が支配的であった。これと対称的に、〔新しい〕理論および実践は、市民は多様な権利を実現するために、相対的に独立した結社や組織――独立した政党や利益集団を含む――を形成し参加するさらなる権利をもつ、と主張するようになった。

これらの政治制度は、国によってさまざまに異なる政治的および歴史的な環境のもとで発達した。そして、それらは必ずしも民主的な動機によってのみ発展したのではない。それにもかかわらず、大きすぎて合議型デモクラシーをとれない政治的単位――国など――において、これらの制度が、満足できる水準のデモクラシーを達成するために必要であることは、しだいに明らかになっていったのである。現存する（大規模な）デモクラシーの諸制度とデモクラシーの理念の要求の関係は、つぎのように要約できる。

国のように大きな単位においては、これらの政治制度が必要である	デモクラシーの理念についてこれらの基準を満たすためには
一、選挙された代表	実効的な参加、議題のコントロール
二、自由で、公平で、頻繁な選挙	投票の平等、実効的な参加
三、表現の自由	実効的な参加、理解を深めること、議題のコントロール
四、情報を得る複数の源	実効的名参加、理解を深めること、議題のコントロール
五、結社の自律性	実効的な参加、理解を深めること、議題のコントロール
六、デモスのすべてのメンバーの包摂	実効的な参加、投票の平等、理解を深めること、議題のコントロール

デモスの権力への正当な制約

もし市民たちが政策について意見を異にするとしたら、誰の見解が採用されるべきであろうか。デモクラシーの制度における一般的な答えは、市民の多数派、あるいは代議制においては立法議会の議員の多数派の意志にしたがうべきである、というものである。多数決の原理とその正当化の考察は、ジョン・ロックから今日まで注意深く、また説得力をもっておこなわれてきたと考えられるので、ここであらためて多数決制の正当化をするつもりはないが、ただつぎの一言を述べておきたい。ほかのいかなる原則も、すべての市民が政治的に平等な存在として扱われる権利があるという想定と、整合的であるとは思われないのである。多数決制にも問題がないわけではないが、それらはここで扱うべき問題ではない[5]。

本題に戻ろう。デモスの構成員と必要な政治制度が満足のいくかたちで決められたと想定しよう。法を作るデモスの——より正確にはその構成員の多数派の——権限に対して、いかなる限界が付されれるのが妥当であろうか。

必要とされる民主的権利

もし大規模な政治システムにおいて、代議制デモクラシーを実現することが望ましく、また可能であると考えられるならば、そしていま述べた諸制度とそれらが要請する諸権利が代議制デモクラシーに必要であるならば、これらの諸権利を大きく弱めたりさらに破壊したりする行為は、正当ではありえず、多数派の合法的な憲法上の権限から除外されるのが妥当である。この問題を詳しく検討することは、ここでの議論の範囲を超えることになってしまうが、簡単な論理の問題として、つぎのことは明白だと思われる。すなわち、多数派の行為は政治的平等の原理によってのみ正当化されるのであるから、多数派がデモクラシーそれ自体に必要な基本的諸権利を侵害することは正当ではありえない、ということである。簡単に述べれば、つぎのようになろう。われわれは以下のように想定する。

一、政治的平等を達成することは望ましく実現可能な目標である。

二、多数決制は政治的平等を達成する手段としてのみ正当化される。
三、民主的な政治システムは政治的平等を達成するための必要条件である（十分条件ではないが）。
四、ある種の権利は民主的な政治システムを完全に実現するために必要である（十分ではないが）。

そうすると、つぎの帰結が生じる。

・デモクラシーが必要とする諸権利を否定したり侵害したりすれば、民主的な政治システムを害することになる。
・デモクラシーが必要とする諸権利の否定や侵害は、民主的な政治システムを害することで、政治的平等を害することになる。
・もし多数決制が政治的平等を達成する手段としてのみ正当化されるならば（右の想定二）、多数決制の原理は、民主的システムに必要な諸権利を害する行為を合理的に正当化しえない。

したがって、民主的システムが存在するために必要な、言論の自由のような制度を破壊する行為については、多数派の権限に制約を付したとしても、民主的な信条と矛盾しないであろう。これはたとえば、憲法のなかに組み込まれた人権宣言の予定するところである。人権宣言は単なる五〇パーセントを一票上回る票によっては変更できず、修正には特別多数が必要なのである。

もちろん論理的にいえば、憲法修正に必要な特別多数の構成員も、一方でデモクラシーを望ましいと信じながら、他方でデモクラシーが要求するもの——言論の自由、自由で公正な選挙、その他、先に列挙したもの——をひどく傷つけたり破壊したりするような憲法修正を支持するとすれば、その態度は論理的一貫性を欠くことになろう。

ここでわれわれは、「である」の世界から「べきである」の世界への境界を越える。経験的現実の世界においては、もし民主的国家の能動的市民のうちの優勢な多数派が、デモクラシーに必要なある権利が好ましくなく、厳しく制限ないし廃止されるべきものと確信するならば、その権利が削減される可能性は高い。独立した司法部でさえも、民主的諸権利に敵対する強い持続的な潮流を食い止めることはできない。デモクラシーに必要な諸権利が望ましいと、デモスが信じなくなるとき、彼らのデモクラシーはすぐに寡頭政ないしは専制になるであろう。

しかし、デモクラシーから寡頭政へ向かっては、もうひとつの、より気づかれにくい途が存在している。デモスの大部分のメンバーが、これら基本的諸権利の望ましさを信じ続けていたとしよう。そうであったとしても、自らの政治的目的を達成するための資源をより多くもつ政治指導者たちがこれらの諸権利を侵害する場合に、デモスの構成員がこれらの権利を守り保全するために必要な政治的行動をとるのに失敗することがありうるのである。

政治的平等は実現可能な目標か

これらの考察は、根本的で厄介な問題を突きつける。政治的平等をきわめて望ましい目標であり、またこの目標が民主的な政治システムにおいてもっともよく実現されると考えられるとしても、この目標は民主的システムにおいてさえ、本当に実現可能なのであろうか。それとも、人類や人間社会の根本的な要素が政治的平等に対する高い障壁を生み出すため、実際上の問題としてはこの目標ははるか遠く離れたままであり、それを達成する努力は放棄されるべきなのであろうか。

アメリカ合衆国は、政治的平等のレトリックと現実とのあいだに大きなギャップがあることを示す顕著な例である。ある文書〔独立宣言〕の――その文書は、おおむねイギリス国王によって加えられた「たび重なる加害と簒奪」の冗長な列挙にすぎないのだが――第二節には、すべての人間は平等に創られた、という自明とされる真理についての有名な主張がある。アメリカ独立宣言の起草者たち、および一七七六年七月にそれを投票により採択した第二回大陸会議の五五人の代議員たちは、もちろん全員が男性であり、彼らのうちの誰も、選挙権や他の多くの基本的な政治的・市民的権利を女性に拡大するという意図をまったくもたなかった。女性は法的推論においては、本質的にその父親あるいは夫の所有物であった。

ロジャー・スミスはアメリカの市民権についての見事な著作のなかで、つぎのように書いている。「女性について、合衆国憲法は直接的には何も述べなかった。しかし合衆国憲法は連邦下院、上院、副大統領、大統領について語るなかで、男性形の代名詞を三〇回使っている。……顕著な事実は……合衆国憲法が、女性の参政権や他の法的および政治的権利を否定した諸州の憲法にまったく手をつけなかったことである[6]」。

独立宣言の立派な支持者たちは、奴隷というアフリカ出身の自由な人格を社会に含めようとしなかった。これらの植民地は自治権をもつ独立の共和国になる権利を主張していたが、それらのほとんどすべてにおいて、奴隷は人口のかなりの部分を構成していた[7]。独立宣言の主要な起草者であるトマス・ジェファーソンは、数百人の奴隷を所有しており、生前、そのうちの一人も解放しなかった。死に際して、五人を解放しただけである[8]。アメリカの奴隷制が軍隊の力と憲法上の規定により法的に廃止されるのは、(リンカーンの「ゲティスバーグ演説」の詩的な文句を借りれば)「八〇と七年」以上後のことである。そしてアメリカ南部において、アフリカ系アメリカ人に対して政治生活への参加の権利が実効的に保障されるまでには、さらに一世紀が必要であった。それから二世代を経た現在でも、奴隷制度とその後遺症が人間の平等、自由、尊厳、尊敬に対して与えた深い傷は、アメリカの白人と黒人を苦しめている。

また、ヨーロッパ人が植民地化し占有した土地には、数千年にわたって人びとが住んでいたが、われわれの気高い独立宣言は、これらの人びとを沈黙のうちに排除している。よく知られているように、入植者は、以前からアメリカにいた人びとに家、土地、空間、自由、尊厳、人間性を認めるのを拒否した。平等な人間としての法的、経済的、政治的地位——社会的地位は言うまでもなく——を求める彼らのもっとも基本的な要求は、数世紀のあいだ、しばしば暴力により拒否された。彼らの子孫は今日においてすら、その時期の処遇の影響に苦しみ続けている。そしてこの時期が過ぎた後も、彼らへの怠慢と無関心が続いているのである。

トクヴィルのようなヨーロッパからの訪問者は、私が思うに正しくも、この国が平等への情熱をほかのどこよりも強く示していると述べたが、これらすべてのことは、この国において起こったことである。

ほかの民主的な国々についても、容易に、いくらでも例をあげることができる。イギリスは世界でもっとも進んだ民主的国家のひとつであるが、イギリス人が何世紀ものあいだ、ほかの西ヨーロッパの国のどこよりも熱心に、階級や地位の差異のかたちにおける社会的不平等を維持しようとしていたということに、多くのヨーロッパ人が同意するにちがいない。この不平等は、ひるがえって、高等教育、賞賛すべきイギリスの公務員制度、司法や実業などの職業に反映された。世界のほかの民主的国家と異なり、イギリスはつい数年前まで、国会の上院の大多数が世襲貴族によって構成されるという、驚くべき時代錯誤を維持していた。

政治的平等をめぐる公的なレトリックと現実のあいだの歴史的なギャップは、合衆国とイギリスに特有のものではない。多くの「民主的」諸国において、成年男子の大きな部分が一九世紀の末まで、あるいは二〇世紀までも、選挙権から排除されていた。一九二〇年代以前に国政選挙における投票権を女性に拡大していたのは、二つの「民主的」国家、すなわちニュージーランドとオーストラリアのみであった。フランスとベルギーにおいては第二次世界大戦後まで、女性は国政選挙の投票権を獲得できなかった。スイスにおいては、男子普通選挙権が一八四八年に確立されたが、女性は一九七一年まで投票権を保障されなかった。

「民主的」諸国において、指導者および多くの市民——男性の市民——によって、政治的平等に対するレトリックのうえでの支持が頻繁になされてきたが、その事情は以上のようなものなのである。

政治的平等の拡大

多くの場所で実際には平等が否定されてきたという明白な事実にもかかわらず、注目すべきことに、過去数世紀において、政治的平等を含むさまざまな平等への諸要求は、諸制度、慣行、行動によって大きく強化されるようになった。この偉大な歴史的運動は、ある意味で世界大のものであるが、イギリス、フランス、アメリカ合衆国、スカンディナヴィア諸国、オランダのような民主主義国においてたぶん、もっとも顕著であろう。

トクヴィルは『アメリカのデモクラシー』第一巻の冒頭の数ページで、「一一世紀に始まり、五〇年おきの間隔で」フランス国民の諸条件の平等性が不可避的に増大してきたことを指摘した。この革命は、かの国においてのみ進行していたのではない。彼は書いている。「どちらに目を向けてもわれわれはキリスト教世界のいたるところで、同じ持続的革命を見いだすであろう」。

彼は続けて述べる。「諸条件の平等性が徐々に進んでいくことは、神の摂理のなせる技であり、神の命令がもつ特徴をすべて備えている。それは普遍的であり、持続的であり、日ごとに人の力で左右できないものとなりつつあり、あらゆる人間および出来事がその進行に奉仕することとなる」(9)。

われわれはトクヴィルのこの文のなかに、ある程度の誇張を認めようと思うかもしれない。また数年後に書かれた第二巻において、彼がデモクラシーと平等の望ましくない帰結とみなしたものに困惑したということに注目しようと思うかもしれない。しかし彼は、デモクラシーと平等の持続的前進が不可避であるということを疑わなかった。今日、トクヴィルの時代以降の変化を振り返ってみれば、われわれはたぶん、政治的平等を――そしてついでにいえば、人間の平等のより広い側面をも――尊重し促進する思想と実践が世界の大部分において進展した程度に、当時のトクヴィルと同じように驚かざるをえない。

政治的平等に関しては、二〇世紀における民主的な思想、諸制度、諸慣行の信じがたいほどの普及を考えてみよう。一九〇〇年の時点で完全に、あるいは相当程度、独立した国は四八カ国存在した。

これらのうち、代議制デモクラシーの基本的諸制度をもっていたのは八カ国にすぎず、女性の投票権を確立していたのはニュージーランドだけであった。しかもこれら八カ国は、世界の人口の一〇ないし一二パーセントを占めていたにすぎない。二一世紀初めにおいては、約一九〇の国のうち、およそ八五の国において、普通選挙権を含む近代代議制デモクラシーの政治制度と慣行が、イギリス、西ヨーロッパ、アメリカ合衆国と類似したレヴェルで存在している。これらの国は、今日、地球上の住人一〇人のうち六人を含むことになる(10)。

イギリスにおいては、われわれがみな知っているように、労働者階級と女性に選挙権が与えられ、そしてさらに前進があった。中産階級、下層中産階級、そして労働者階級出身の男性と女性は、庶民院とその便益へのアクセスを獲得しただけではなく、内閣や、さらには首相のポストへのアクセスすらも獲得した。そして貴族院の世襲貴族たちはついに、ほとんどお払い箱になった。合衆国においても、女性は選挙権を得た。黒人の投票権を保障する一九六五年の投票権法は本物の法律になった。すなわち、この法が実際に執行されるにいたった。そしてアフリカ系アメリカ人は、アメリカの政治生活における重要な勢力になった。私はここで、多くの先住アメリカ人の悲惨な状況が大きく改善された、と言うことができたらよいと思うが、悲しいことに、人道上の不正義の後遺症は依然として存在している。

多くの失敗の事例があるのは確かだが、もし平等性の信念がつねに、不平等を生む強い力に対して戦ううえで、どうしようもなく弱々しい抗議者にすぎないと単純に想定すれば、過去二世紀における人間の平等の非常な前進を決して説明することができないであろう。しかし問題は残る。政治的平等に対する多くの障害物があるとすれば、いかにしてこのような前進を説明しうるのであろうか。

政治的平等に向けた運動の簡単なスケッチ

特権階層が優越的な資源をもつにもかかわらず、政治的平等に向けた変化がどのようにして生じるのかを理解するために、そのプロセスを図式的に記述してみたい[11]。

特権は教理によって正当化される

社会のなかでもっとも特権的なメンバー、つまり政治的・社会的・経済的エリートなどは、通常、彼らの優越性を正当化する教理を信奉し、また可能であればこれを強要しようとする。これらの教理は、ヨーロッパで何世紀にもわたって国王の支配を正当化した「神授王権」のように、宗教的権威によって支持され、あるいはたぶん、それによって創られたものである。そして、これらの宗教的な権威をもつのも上流階層のメンバーである。哲学者たちもエリート支配の擁護に貢献する。プラトンがこれを持続的におこなったことは有名である。より穏健なアリストテレスにしても、政治的平等に対して特別に好意的だったわけではない。帝政期の中国を数千年のあいだ支配した儒教の場合のように、階層性や特権が官制の哲学によって正当化されることもある。近年の全体主義体制においては、教条的で絶対的なイデオロギーが権力と特権に正統性を与えた。ソヴィエト連邦におけるマルクス゠レーニン主義、イタリアにおけるファシズムの教理、ヒトラーのドイツにおけるナチズムの教理が、それにあたる。

エリート支配に対する下層階層の懐疑

特権をもつエリートは、彼らの正当化の教理が下層階層によっても一般的に受容されている、としばしば信じているようである。「上の階」の人びとは、その権利が「下の階」の低い階層の人びとによって、完全に正当なものとして受け入れられていると想定する。エリートは、自らの優越的な権力と地位を正当化する見解を熱心に広めようとし、また自らの権利の正統性について疑いをいれない確信をもっている。しかし従属的集団のメンバーの多くには、上位と称する人びとから彼らが割り当てられた下位の地位が、本当に正当であるかという疑問がわき起こる。

ジェイムズ・スコットは、説得力をもってつぎのことを示している。すなわち、歴史、構造、エリートの信条体系によって従属的地位に置かれてきた人びとは、上流階層が想定するよりも、支配的なイデオロギーにはるかに取り込まれにくい。たとえば、彼の述べるところでは「インドの不可触賤民のあいだでは、カーストにもとづく支配を正当化するヒンドゥー教の教理が否定され、再解釈され、無視されているという有力な証拠が存在する。不可触賤民は司祭階級に比べて、彼らの現状を説明するカルマの教理を信じる傾向がはるかに少ないのである。代わりに彼らは自らの地位の原因を、貧困と、神話的な原初における不正義の行為に求める[12]」。

より有利な条件

エリートのイデオロギーが従属的集団のメンバーに明示的ないしは暗黙のうちに拒絶されたとして、思想、信条、構造、世代、その他における諸条件の変化は、従属的集団に不満を表現する新しい機会を与える。さまざまな理由により、イギリスは一七世紀と一八世紀にアメリカに移住した植民者に自らの政治的・経済的・社会的な構造を押しつけられなかった。大西洋をまたいだ大きな距離、植民地における土地の豊富さ、通商と金融の新しい機会、その結果としての多くの自営農民・自営業者・職人の階層の成長、そしてアメリカ植民地と本国とのあいだのその他の違いが、植民者たちに、政治生活への実効的な参画の機会を、彼らがイギリスで体験したよりもはるかに多く与えたのである。

変化を促す圧力の増大

これらの新しい機会が現われ、怒りや憤激、不正義の感覚、個人的・集団的機会の増大への期待、集団への忠誠、その他の動機によって動かされつつ、従属的集団のメンバーのある者たちは、利用できるあらゆる手段を用いて変化を起こそうとする。たとえば、インドにおいてデモクラシーが導入された後、下層カーストのメンバーは、すみやかに新しい機会をとらえて自らの地位の改善を始めた。

支配的階層の内部の支持

支配的集団のメンバーのなかには、従属的階層の主張を支持することを選択する者もいる。部内者は、部外者と同盟する。上の階の反逆者たちは、不満をもった下の階の主張を受け入れる。部内者はさまざまな理由からそのような行動をとる。道徳的確信、共感、機会主義、無秩序の帰結への恐怖、財産への危険や体制の正統性への危険、さらには革命が起こることの現実あるいは想像上の可能性などである。

従属的階層が成果を得る

これらの要因は、それまで従属的であった階層が、権力、影響力、地位、教育、収入、その他の利益、あるいはそれらのすべてで大きく前進するような変化に帰結する。たとえば、アメリカ内での植民者たちのあいだでは、地域および植民地の議会の選挙で投票権をもつ白人男性の割合は、本国に比べてはるかに高かった[13]。前進は、アメリカにおいてぴったり当てはまるように、少なくとも部分的には、従属的階層が特権的階層の支配を暴力的な革命によって覆すことで成し遂げられることもある。しかし多くの場合には、変化はよりゆっくりと平和的に起こる。選挙権の拡大は、イギリス、スウェーデン、そして他のヨーロッパ諸国では議会の立法によっておこなわれ、合衆国では憲法修正および議会の決議によっておこなわれたのである。

過去数世紀に多くの国々で起こった、政治的平等に向けた変化の個別の説明は、相互に著しく異なったものになろうが、これらの一般的な要因は、そのほとんどの事例で作用したと考えられる。

第3章　政治的平等は達成することが可能か

政治的平等の増大に向かう政治的運動についての私のスケッチが、およそ正しいと想定しよう。依然として重要な問題が未解決である。すなわち、特権階層および従属的階層に属する人びとを、何が実際により大きい政治的平等の主張に駆り立てるのであろうか。なぜ下の階の従属的な人びとは自らが、彼らを支配する上の階の特権的な人びとと、政治的に平等な存在として扱われるべきであると主張するのか。「人間本性」ないし人間の能力のある要素が呼び起こされ、それらが人間にこのような要求をさせる可能性があり、また実際にそうさせたのであろうか。政治的平等とは基本的な倫理的根拠に立って正当化しうる目的ないし目標であるが、人類のあいだで優越的になることが確実な現実の描写とはいえないことが確かだとすると、政治的平等に向けた動きは倫理的関心のみによってもたらされると想定しなければならないのであろうか。それとも、私がすでに図式的なシナリオで示唆したように、政治的平等の追究はより「卑俗な」動機によっても生じるのだろうか。繰り返すならば、何が人びとを、政治的平等を実際に増進する変化をもたらすように行動させるのであろうか。理性、利己主義、利他主義、同情、共感、嫉妬、怒り、嫌悪。これらのどれか、あるいはすべてであろうか。

ここで、〈われわれがなぜ政治的平等を目標として追究するべきであるか〉という問いと、〈ある人びとがなぜ実際にその目的を追求するか〉という問いとは、(認識論的にまた存在論的に)異なると反論されるかもしれない。私はこれが重要な論点であると考える。われわれは、とりわけデイヴィッド・ヒュームとイマヌエル・カントから、〈人間がいかに行動すべきか〉を述べる道徳的命題と、〈人間が実際にいかに行動し、ないしは行動する傾向をもつか〉を述べる経験的命題を明確に区別することを学んでいる。この区別を曖昧にしたり見落としたりすることは、いわゆる「情緒的」誤謬を犯すことになる。

しかし、道徳的義務がわれわれの人間性、とりわけ人間的欲求、感性、感情からあまりにもかけ離れた行為や行動を要求し、その義務が人間の達成できる範囲を完全に超えたものであるのなら、その義務は人間の行為にとって無意味になるだろう。「隣人を愛せよ」というのは非常に厳しい要求である。だがそれは人間の基本的な特性、すなわち愛、同情、共感、共鳴の能力に依拠しており、これらの能力によってわれわれは、時にこの要求にしたがうことができる。「すべての人間を、あなたの家族のメンバーと同じだけ愛せよ」というのは、人間の能力をあまりにも超えた行為を要求することになろう。政治的平等の追求が人間の何らかの基本的要素から生じるというのでないならば、それはあらゆる実際的な目的にとって、意味のない目標になってしまうであろう。

私がこれらの問いを提起しているのは、もっとも優れた哲学者の何人かが、正義と公平性に向かう力として、人間の理性にあまりに多くの比重を置いてきたと思われるからである。これに対して私は、実際に公平性の追求を生むのは、純粋な理性ではなく、感情と情念であると示唆したい。理性は行為を正義のほうへ導くのに役立つかもしれない。理性は、われわれがよい目的にいたるもっとも効果的な手段を選ぶのを助けるかもしれない(私はそうあるべきだと考えるが)。しかし行為を促すのは、私がすでにあげたような、同情から嫉妬、怒り、嫌悪にいたる感情である。[1] 三〇〇年近く前に、デイヴィッド・ヒュームは説得力をもって、この点を指摘している。すなわち彼は、「理性は情念の奴隷であるし、そうあるべきであって、情念に仕えしたがう以外の役割を決して要求することができない」と述べている。[2] ヒュームにとって、演繹的推論と因果性についての経験的知識は、目的ないし目標を達成するための、最善ないしはもっとも効果的な手段を選択するに際し、重要な道具となる。だがわれわれは、実際に追求する道徳的ないし倫理的な目標を選択するにあたって、ヒュームが指摘するように、理性ではなく感性と情念の力に動かされるのである。

純粋な理性だけで十分であるか

ある人びとにとって、われわれが理性ではなく感情、情動、情念——それを何と呼ぼうとも——に動かされるということはあまりに自明にみえるため、証明する必要はないかもしれない。たぶんそうであろう。したがって、もし前述のように、人間理性が善く正しい目的を達成する支配的な力をもつと主張する有力な見解が存在しなかったならば、この問いを追求する必要もないだろう。この種のもっとも極端な議論はイマヌエル・カントによるものである。

歴史上もっとも傑出した哲学者のひとりであるカントは、「あるもの」と「あるべきもの」を区別したうえで、つぎのように考えた。理性はわれわれが正義を探求する導き手となりうるだけでなく、われわれを道徳的行為に向けて適切に動かしうる、人間本性のなかの唯一の部分である。『人倫の形而上学の基礎づけ』（一七八五年）において、彼はつぎのように書いた。「法が道徳的に妥当であるためには、それが絶対的な必然性を備えなければならないということを、すべての人は認めなければならない。……その帰結として、義務の基礎は人間の自然や彼が置かれた世界の環境ではなく、純粋な理性の観念のなかにア・プリオリに探求されなければならない」。

彼は例を示す。「可能な場合に他人を助けることは義務であり、これに加えて、非常に同情的な気分をともなう多くの感情があるので、虚栄や自己利益といった動機がなくても、彼らは、彼らのまわりに幸せを広めることに内在的な幸福を見いだし、彼らは自らが作り出した他人の満足のうちに、喜びを感じることができる。しかしこうした場合に、この種の行為がどれほど正しく、また快いものであったとしても、それは純粋な道徳的価値をまったくもたないと私は主張する」[3]。

要するに、過去数世紀に政治的平等の増大に貢献した人びとは、彼らが完全に「理性」によって動かされていない限り、道徳的に行為していたとはいえないのである[4]。だが幸いなことに、人間の行動において重要なのは、純粋な理性だけではない。

無知のヴェールの背後での推論

ジョン・ロールズの『正義論』(一九七一年)[5]はきわめて独創性の高い哲学的著作である。二〇世紀において、正義の諸原理に関する熱心な省察を、これほど喚起したものはないであろう。短い要約では彼の議論を適切に述べることは不可能であり、また彼の議論が引き起こした膨大な批評、省察、批判を述べることはいっそう困難である[6]。ここでは、正義に関する彼の理論の拠って立つ、人間本性に関する想定について述べたい。カントとは異なり、ロールズにおける人間はわれわれの同類とみなしうるものである。彼は書いている。「ある年齢以上で必要な知的能力をもつすべての人は、通常の社会的状況のもとで、正義の感覚を発達させると想定しよう。われわれは物事が正しい、あるいは不正であると判断し、それらの判断を理性によって支持する技能を獲得する。さらに、通常、これらの判定にしたがって行為する欲求をもち、他人にも類似の欲求をもつことを期待する。明らかにこの道徳的能力は非常に複雑である。このことを理解するためには、われわれが無数かつ多様な判断をなしうることを考えてみれば十分であろう(7)」。

彼は続けて、「原初状態」という仮説的な状態を描写する。「原初状態は、もちろん、実際の歴史上の状態として考えられたものではなく、ましてや文化の原始的状態でもない。それは純粋に仮説的な状態と理解される。……この状態の本質的な特徴のひとつはつぎのようなことである。誰も社会における自らの位置、階級的位置ないしは社会的地位を知らず、また誰も自らが生得の資質や能力、知力、体力などにどの程度恵まれているかを知らない。さらに当事者たちは、善に関する自らの構想や固有の心理学的な傾向性すら知らないと想定される。正義の諸原理は無知のヴェールの背後で選択されるのである(8)」。

つぎに彼は、無知のヴェールのもと、「原初状態において選択されると考えられる正義の二つの原理」を提唱する。それらは「第一、それぞれの人は、他人の同様な自由と両立するもっとも広範な自由に対する平等な権利をもつ。第二、社会的および経済的不平等は、それらが（a）すべての人の利益になると合理的に期待されるように、かつ（b）万人に開かれた地位や職務に付随するように、配置されなければならない」。

ロールズの見解において、「正義にかなった社会の市民は同一の基本的権利をもつので」、第一の原理への支持が「市民権による平等な諸自由を確保する」ことは驚くにはあたらない。いいかえれば、第一の原理は市民のあいだの政治的平等と、それを保障するために必要なすべての制度を要求するのである。第二の原理はある種の不平等を許容するが、「富や収入の配分、そして権威の不平等は、平等な市民権による自由、および機会の平等と両立するものでなければならない[9]」。

このように、ロールズはカントの著しく狭隘なヴィジョンに比べ、はるかに現実的な人間観にもとづき、政治的平等を支持する有力な議論を提供している。ロールズにおいては、政治的平等の目標は理性によって正当化されるが、理性は、経験と人間本性の基本的要素から生じる道徳的判断の能力の助けを借りることになる。

二〇世紀のおおかたの哲学者と同様に、ロールズも、「べきである」と「である」を混同する誤謬に十分に気づいており、自らの議論を、政治的平等の追求へと実際に人間をつき動かすものの経験的な描写として提示することはなかった。彼は、カントの議論よりも人間の能力をはるかによく考慮した有力な正当化を提供したが、われわれは依然として、しつこい問題に直面しなければならない。つまり、何が実際に人びとをより大きな政治的平等に向けた闘争へ――時には、アフリカ系アメリカ人の市民的・政治的権利を求める闘争のように、現状を維持しようとする圧倒的に見える力に抗して――つき動かすのであろうか。

第4章　尊重すべき感情の役割

これまで示してきたように、よりいっそうの政治的平等を達成するため人びとが現状を変更しようとする行動——たとえば、公民権や選挙権の拡張のために戦う等々——の背後にある動機は、利他主義、思いやり、共感や同情から、羨望、怒り、憤りや憎しみまで、大きな幅があるように思われる。

オマキザルからのヒント

オマキザルを使った面白い実験が、興味深いヒントを与えてくれる。「ヒント」という言い方をするのは、動物の行動や、あるいはもっと極端には遺伝子や染色体から、複雑な人間の行動と制度の話へと一足飛びに論を進めるような、単純化された還元主義的な種類の議論を避けたいからである。[1] とはいえ、個々人や集団に配分上の正義や公正さを主張させるものが、人間の進化の遠い過去にまでさかのぼれるような感情や感性のなかにあるという可能性を、この実験はたしかに示している。

メスのオマキザルは代用硬貨――花崗岩の小石――を実験者に渡し、代わりにブドウやキュウリを受け取るように教えられる。以前おこなわれた実験では、九〇パーセントの場合にメスのサルが切り分けたキュウリよりもブドウを好むということ、食べ物の代わりに代用硬貨を渡さないケースは五パーセント以下であることが明らかにされている。そこで二頭のサルを一対としてそれぞれ檻に入れ、相互に状況を見ることができ、他方が二つの報酬のどちらを受け取ったかがわかるようにした。実験者の観察では、もし一方が小石の代わりにキュウリを与えられたのに、他方がより価値の高いブドウを受け取ったのを見た場合、前者はしばしば小石を渡すのを拒んだりキュウリを食べないという反応をする、ということがわかった。

研究者たちは、つぎのような結論を出した。「人間は、〔現に分配された〕利得と、与えられた結果に代わりうる潜在的な可能性の両方にもとづいて、公正さを判断する。オマキザルも、自身の報酬とそれに代わりうる報酬、自身の労力と他の者の労力との比較など、相対的な観点から報酬を評価しているようだ。オマキザルは、実験で対となったサルがもっと得な取引をする場合、それ以前には受け入れ可能であった報酬に対して否定的に反応する。われわれのデータでは、これら反応の根底にある正確な動機を明らかにすることはできないが、ひとつの可能性は、サルが人間と同様に社会的な感情によって導かれて行動しているということである。経済学者には『情念』として知られるこの感情は、他者の労力や利得、損失、態度に対する人間の反応を左右する(2)」。

……人間へ

先に注意しておいたように、オマキザルの実験結果から人間の行動の話へと飛躍することが可能だとは思えない。しかし、『ニューヨーク・タイムズ』の記者がオマキザルの実験に関する記事のなかで書いているように、「『それはフェアではない！』というのは、遊び場から始まって、さらに微妙なかたちでは大人の集まりでも、よく聞かれる言い回しである。サルもまた公正さの感覚をもっていると、いまや言えるようだ(3)」。二人以上の子どもを持つ親の多くは、きっとこの同じ叫び声を聞いたことがあるはずだが、兄弟姉妹のうちでその叫び声を上げたものは、怒りや涙その他の自然に生じてくる感性も表現していることが多い。

ここでの要点は、つまり、人間は自分と何かしら比較対象になるとみなす他者について、その者への報酬の分配が自分と異なることに対する感受性を、本性上備えているのだ、というだけのことである。右の研究の著者たちのように、この感受性を不公平の忌避という客観的な用語で呼ぶにせよ、嫉妬や羨望といった日常的な言葉を用いるにせよ、人間が不公平や不正義とみなすものは、多くの場合強い感情を喚起するだろう。時宜を得るならば、これらの感情は行動にも表われ、即応した言語表現である「それはフェアではない！」を手始めに、平和的な説得にせよ暴力を用いるにせよ、また個人的に行動するにせよ他の人びとと協力するにせよ、より公正な分配をもたらそうとする行動にまでいたることもある。

理性の限界

たしかに、人間が並外れた推論の能力を授かっていることに間違いはない。しかし、この能力がどのように発達し、どのように用いられるかは、繰り返しになるが、その人自身の経験、つまり生まれつきではなく育ちの過程に大きく依存している。

というのも、神経学者のアントニオ・ダマシオが論じているように、理性は感情や感性とも、学習や経験とも、とうてい切り離すことができないからである。感性は、彼の論ずるところによれば、人間が推論し決定するというプロセスに内在する不可欠の部分である。前頭葉皮質が損傷を受けた、あるいは破壊された人びとの行動に関する証拠を引きながら、彼は、これらの人びとがＩＱテストによって計測されるような「知性」を保っている場合があるにしても、判断をおこなう能力は失ってしまっていると結論する。この人びとの抽象的な「理性」の能力は損なわれてはいない。実のところ、この人びとの「理性」は感情や感性から完全に分離されている。カントの定言命法にとっては、完璧な主体といえるだろう。しかし判断力は身体システムに蓄積される「知識」と経験に依存する、と彼は結論づける。要するに、それは以前の経験からもたらされる感情と感性に根づいたものなのである(4)。抽象的理性は実践的理性の代わりにはならない。そして、ＩＱによって測られるような高度な認知的知性は、「社会的知性」からも、美的理解のようにほかに考えられうる知性や理解の形式からも、独立しているようだ。

実際、脳自体がどのように発達するかは、経験に大きく依存している。自然は、遺伝子というかたちで、私たちに脳を与える。しかし遺伝子は、ダマシオの言葉を引くならば、「脳の構造全体を細かく規定しているのではない。……多くの構造的特徴は遺伝子によって決まるのだが、ほかにも多数の特徴が、一生を通じて発達し、継続的に変化する生命器官の活動によってのみ、定められうるのである(5)」。要するに、自然は私たちに脳を与える。しかし脳を形づくるのは、経験、すなわち育ちの過程なのである。

共感と同情

人間は、ほかの多くの動物と同様、純粋に利己的なエゴイズム以上のものによって行動へと誘われる。人間は他者と一体化することが可能であり、その一体化の強固さゆえに、相手の痛みや幸福は自分自身の痛みや幸福ともなる。実のところ、他者と一体化する能力は「自己」という概念そのものを曖昧にしてしまう。母親は自分のことだけを考え、最愛の子どものことを考えないだろうか。兄弟の各々は、愛するほかの兄弟姉妹ではなく、自分自身のことだけに気を配るのだろうか。高齢の、あるいは身体の不自由になった両親を持つ子どもたちは、親の抱える問題について気にかけることはないのだろうか。そのように想定するとしたら、それは種自体の存続にとって必要な人間本性の基本的諸側面——ここではダーウィンのパラダイムに同意してこのような言い方をしておこう——を無視することになるだろう。

ほかの霊長類、とくにチンパンジーやコビトチンパンジーなどの類人猿が共感を経験しているように見えるとしても、[6]「他人の立場になって考える」能力は人間においてとりわけ顕著なものである。ここでもまた、遺伝子によって授けられたもの、内在する人間本性によって、われわれは共感する能力を、あるいは少なくともその能力を発達させる可能性を、与えられているのである。

言語、理性、直観、そして共感のような感性の助けを得ながら、われわれは、他者とどのように協力するのか、また組織や制度を作り、その枠内で働き、それらを変更するために、いかにして他者と協調して行動するのかを学ぶのである。言語も、理性も、直観も、共感も、さまざまな感性も、どれかひとつだけでは十分ではないだろう。人間が組織や複雑なプロセス、そして制度のなかで協力し合うには、それらすべてが必要であるように思われる。

共感の限界

とはいえ、共感にもそれ相応の限界がある。生きていくなかで心の中心を占めるようなかけがえのない少数の人びとと同じほど強く、すべての人間に対して、愛情や愛着、同情や共感を経験することは不可能だ。もし愛情や共感の力が急激に衰えていくということに何か疑いをもつのであれば、簡単にできるテストがある。あなたが、家族の一員やもっとも親しい友人の一人の死を防ぐために喜んで払うであろう犠牲と、誰ひとり自分の知人がいない世界のどこか遠くで洪水や飢饉により何千人もの人が死ぬのを避けるために払うであろう犠牲とを、比較してみてほしい。あるいは、悲嘆の程度というかたちで計測される損失を考えてみてほしい。たとえば、会ったこともない何千もの人間の遠くの地での死に接した場合、その悲しみの強さが、家族の一員を失った場合の悲しみの千倍にも達するなどということは、人間としてありえないことだ。人間としてありえないというのは、もし悲嘆がそこまで増幅されるとすれば、生きていくことが文字どおり耐えがたいものになるだろうからである。

私たち一人ひとりがほんの少し正直に心のなかを省みればわかることだが、遠くの他者の利益のために、自分自身の幸福を犠牲にするように、あるいはもっとも近しいごく少数の人びとの幸福を犠牲にするように誘いかけるということに関し、共感は限定的な影響力しかもっていない。ここで、新ダーウィン主義の推測にもういちど敬意を表しておこう。もし自分以外のあらゆる人間（ほかの生物ももちろんのこと）に害悪が降りかかったとして、その苦難を知ることにより、われわれがもっとも深く慕うごく少数の人びとの苦難に対するのと同じほどに、多大な苦痛と不快な感情が引き起こされたとしよう。その場合、いったいどのようにしてわれわれが個々人としてだけでなく、ひとつの種としても生き延びていくのか、見当がつかなくなる。共感の限界は、人生にとってなくてはならないものといってよいだろう。

さて、政治的平等に話を戻そう。遠くの他者の基本的諸権利のため直接行動するように働きかけるということに関しては、単なるエゴイズムはもちろんのことだが、共感でさえあまりにも力不足である。とはいえ、時と場所によっては、エゴイズム、共感、同情、合理性、言語、コミュニケーションが組み合わさることで、いくつかの人間集団が政治文化や政治制度も含んだ文化や制度を形成する助けとなる。そして、その文化や制度が、遠くの、われわれが知らない、そして知りようもない他者の基本的諸権利を、政治的平等のために必要な基本的諸権利も含めて、擁護するように働くのだ。

そして特権階層も

従属的階層に属する人びとが、行動へと導かれる可能性があるということの理由は明らかなように思われる。だが、特権階層に属する者が、すでに権威をともなう地位にありながら、リーダーシップを提供するようしばしば力を尽くすのはなぜだろうか。もしつねに共感や同情によるのではないとしたら、何が理由なのだろうか。前に述べたとおり、特権階層は時に暴力の恐怖、さらには革命の恐怖につき動かされることがあるのかもしれない。その場合、恵まれない階層の人びとに少なくともいくつかの特権を譲り渡すよりもはるかに高くつく、ということになるといってよいだろう。

ジョセフ・ハンバーガーの示すところによると、ジョン・ステュアート・ミルの父であり、彼自身も功利主義哲学の卓越した創始者であったジェイムズ・ミルは、選挙権の拡大（そして最終的には一八三二年の選挙法改正の通過）をもたらすため、イギリス寡頭政のメンバーのあいだに、故意に革命への恐怖を引き起こそうとした。ジェイムズ・ミル本人は変革をもたらす手段としての暴力には反対であったのだが、「ミルは暴力なしに抜本的な改革を成し遂げたいと願ったため、寡頭政が自己利益から譲歩を認める方向へと誘導されるような手段を工夫する必要が生じた。……選択肢は二つしかなかった。『〔人びとが〕政府における重要な改善を成し遂げることができるとすれば、抵抗、つまり身体的な暴力を支配者に対して行使することによってか、あるいは少なくとも、後に実行される可能性が高い脅しによって支配者が怯えて承服するようになるかである』。身体的な暴力は避けるべきであるから、ミルは第二の選択肢に望みを託した。……ミルは、革命の危険があると主張していた。彼は、脅威で十分であり、実行にまで移す必要はないと考えていた」(7)。一八三二年の選挙法改正は、このようにミルの貢献によって実現されたが、最終的には成人普通選挙権へと達する一連の選挙権改革の始まりを告げるものだったのである。

アメリカ合衆国では、南部の黒人層に力を与えて、ついにはアメリカの政治生活への参加を認めることになる立法の通過を確実なものとするために、革命の脅威は何ら重要な役割を果たさなかった。一九五七年と一九六四年の公民権法、そして一九六五年の投票権法のことである。一九五七年の公民権法は、一世紀にわたりアフリカ系アメリカ人の投票権を守ろうとする法を拒否し続けてきた南部の上院議員の投票を覆すものであった。上院で必要な票数を獲得するための妥協により後退させられはしたものの、この法案の助けによって、南部の黒人層はついにアメリカの政治生活への参入を果たし、その一〇〇年前に始まっていた動きの多くの部分が完成された。上院のリーダーであるリンドン・ジョンソン(8)〔アメリカ第三六代大統領。任期一九六三〜六九年〕の精力的な働きと手腕がなければ、この一九五七年の歴史的変化が（たとえ軽微なものであっても）達成されることはなかったであろう。彼は、大統領としても同じ精力と手腕を用いて、さらに強力な一九六四年法と一九六五年法の通過を確実にしたのである。通過を実現するためになされた彼の絶え間ない努力は、複雑な感情に支えられていた。アフリカ系アメリカ人に対する私的な感情についていえば、それは共感と、テキサス出身という背景から生み出される南部に一般的な偏見の残滓とが組み合わさった、入り組んだものであった。しかし、彼の努力の背後にあった原動力は、弛むことのない政治的野心である。ジョンソンを知るものはみな、彼のことを、ただの同情だけで多大な時間と精力と手腕を注ぎ込み、議会多数派のリーダーとしても大統領としても、右の法の通過を実現した男として描くことはなかったであろう。人生の多くの場合においてジョンソンは政治的野心につき動かされていた。またその野心の焦点には、すでに一九五〇年代以前から、最高の獲得賞品であるアメリカ合衆国の大統領職があった。大統領になるというジョンソンの野心が、公民権問題に関して、上院多数派のリーダーとしての彼の行動を規定していたことにほとんど間違いはない。一九六四年の公民権法の通過を勝ち取るために手腕や影響力を行使するについて、〔現職〕大統領としての再選への野心が強力な推進力となっていたことにも、疑いはない。一九六五年には、彼は自分がそれまでに始めていたことを完成し、自身の「歴史上の位置」を確保したいという願望によって、部分的には動かされていたようである。(9)

政治的平等の進展

そのようにして、地殻変動が生じる。参政権と基本的諸権利の有効な法的保護の拡張に続いて、それまで従属的地位にあった諸集団のリーダーたちが公職をめぐる競争に参入し、幾人かは〔実際に〕公職に選ばれる。そのつぎには、法や政策の変更が生じてくることになる。

一八三二年以降のイギリスでは中間層が庶民院に足場を築いたが、一九六五年以降のアメリカも同様であった。アフリカ系アメリカ人が投票の機会を得た。そして、ほかの何よりもまず、それまでアフリカ系アメリカ人に対して暴力的に従属を強制してきた、選挙で選ばれる警察職員を追い出した。インドでも同じである。下層の諸カーストが参政権を獲得し、容認できる程度に自由で公正な選挙がおこなわれるようになると、それらカーストの人びとは、かなりのまとまった数で、差別撤廃に向けて取り組むリーダーへと票を投じはじめた。このようにして「九〇年代初めまでには、汎インド主義を奉ずる上層カーストが支配している諸政党は……多くの場合、新たに選挙権を付与された下層カーストのヒンドゥー教徒を代表している小規模な地域的諸勢力の助けなくして、ニューデリーで権力を獲得することができなくなった(10)」。

最初の勝利から政治制度へ

われわれがほかの生物とは異なっていることを示す人間本性の諸特徴のひとつに、ほかの種ではとうてい比較対象にならないほどの複雑さを備えた組織の創設を可能にする、高度な協調能力がある(11)。たしかに、遺伝子によってある程度までの協調が可能とされていなければ、あるとしても非常に少数の種——サル、ゾウ、オオカミ、アリ、ハチ、その他の生物——しか生き残ることはなかったであろうし、ましてや進化することもなかったであろう。しかしさらに、数百万年に及ぶ人類の遺伝子的進化のおかげで、人類は、その範囲においても複雑さにおいても全生物のなかでほかに比べるもののない、協力の体系を作り上げることができるようになり、また実際にいま作り上げているのである。

人間は複雑な組織や過程を作り上げるだけではない。それらをまた高度に持続的な制度へと発展させる。そこでは、行動が慣習や習性や信念のなかにしっかりと埋め込まれることで、ひとつの世代からつぎの世代へと、しばしばほんの少しの修正をともなうだけで伝えられることになるのである。もし政治的平等の進展が持続的な諸制度に基礎づけられなければ、その進展が短命なものとなるのは明らかであろう。その制度には、たとえば、新たに参政権をもった集団の投票権を保護するため新規に制定された法を執行する法・行政システムなどが含まれる。

人間のシステムの諸要素が制度化され、そしてもともとの開発者が初期の目標を達成した後も持続していく過程について、ここで描写を試みるつもりはない。ただ強調したいのは、いかなる感情の動きが政治的平等へ向かう変化をもたらすために働くとしても、そこで達成されたものを維持するためには、おそらく、いくらか異なった種類の感情的・認識的な資源に依拠した手段が必要とされるだろうということである。アメリカ合衆国における公民権運動は、一九五〇年代と一九六〇年代にすばらしい成果をおさめると同時に、その熱気の多くの部分を失ってしまったかもしれない。しかし、そこで得られた成果は、運動の創始者たちと必ずしも同じ手腕や感情をもって行動していたとは限らない人びとが配置された、持続的な法的・官僚的制度によって保存されたのである。

結論

そう、政治的平等は（私の見方では）達成へ向けて努力すべき理想であり、それを支えるために行動すべき道徳的義務である。だが同時に、政治的平等を達成することに対する障害も大きい。実際、あまりにも大きいので、その目標を完全に達成するところまでは、とうてい永遠にたどり着けないというのも、ほぼ確実である。

それでも、特権階層が自らの地位を維持しようとしばしば大いに力を尽くすにもかかわらず、この目標を達成しようとする努力が続けられる。それは、非常に強い人間的感情に駆り立てられ、適切な手段を選択する理性の助けによって、政治的平等の進展をもたらすことが可能とされるからである。

過去二世紀にわたり、世界の大部分では、これらの進展はかつて人類史上達成されたいかなるそれをも上回っている。

民主的国家において、これ以上の進展は可能なのであろうか。それとも、われわれはすでに限界に達したのか。あるいは、事態はもっと悪く、来たる世紀にはより大きな政治的不平等へと後退する可能性が高いということなのであろうか。

第5章　政治的平等、人間本性、社会

政治的平等に対する障害は、いついかなる場においても、手強いものであり続けている。実際、あまりにも厄介であるがゆえに、前章で検討した基本的な人間的欲求が比較的好ましい歴史的条件のもとで呼び起こされた場合でも、現実に目標がどの程度達成されるかといえば、かなり限られたものにならざるをえない。歴史的観点からすれば大きな意味をもつ進展であっても、理想の基準に照らしてみれば微々たるものとみられるかもしれない。

本章では、民主的国家においてさえ、いまだかつて超えられたことがない閾値の下へとわれわれを押しとどめている、いくつかの根本的な障害を説明したい。私が簡潔に説明したいと考えている政治的平等への障害とは、つぎのようなものである。

一、政治的資源、手腕、動機の配分。
二、時間に関する緩和しがたい制約。
三、政治システムの規模。
四、市場経済の普及。
五、重要かもしれないが民主的とはいえない国際システムの存在。
六、深刻な危機の不可避性。

政治的資源、手腕、動機

政治的平等と真っ向から衝突するのが、人間本性と人間社会を司るつぎのような基本法則である。政治的資源、知識、手腕、動機は、いついかなる場でも不平等に配分されている。

政治的資源とは、人がほかの人の行動に影響を与えるために利用することができる何らかの手段のことである。したがって、政治的資源には金銭、情報、時間、知力、食物、力の脅威、仕事、友情、社会的立場、有効な諸権利、投票、ほかにも多くの事柄が含まれる。これらのうち、民主的システムのもとで平等に配分されている可能性が十分にあるものとしてあげられるのは、前章で記したようなデモクラシーに必要とされる基本的諸権利だけであろう。そのなかでも、おそらくもっとも明白なのが、投票権である。（成人の）市民が政治的に平等であると考えられるためには、各人の票が他の者の票と等しく計上されなければならない。立法府においても同様で、選出された代表が平等であるためには、票が平等に扱われなければならないのである。

市民が有効に投票の権利を行使するために、民主的政治システムは公職にある者にも他の全市民にも義務を課し、平等な投票の権利を尊重および執行させるとともに、全市民が確実に十分な投票の機会を与えられるようにしなければならない。

しかし、たとえ十分な権利、義務、そして機会によって平等な投票が確保されるとしても、ほかの政治的資源として先に列挙したものはすべて、民主的システムにおいて不平等に配分されている。政治的資源の不平等な配分は、個々の市民が自らの利益、目標、目的を守りかつ促進するため効果的に投票をおこなう能力について、不平等を生じさせてしまうというようなことはないのだろうか。

〔しかも、〕単に政治的資源が不平等に配分されているというだけではない。市民が目標達成のため政治的資源を効率的かつ効果的に利用する能力、すなわち人びとの政治的知識と手腕もまた、不平等に配分されているのである。

公共政策は複雑なので、一般の市民がそれを十分に理解して、自己の利益との関係を判断することは難しく、おそらく時には不可能なことでさえある。ある公的問題についての特定の政策は、人びとの利益を守り促進するのだろうか。妨害するのだろうか。どちらでもあるが、全体としてみれば損害よりも利益のほうが多いのか。それともその逆なのか。

市民の利益を狭く定義するのか広く定義するのかという問題がある。公共の利益や一般的な善というのは、どのように定義しても難しい概念だが、古典的な見方からすれば、政策とはこれらを推進するものだということになるのだろうか。〔逆に〕現代に通例の見方からすれば、政策とは、特定の市民の基本的利益や、その市民がもっとも深く気にかける人びとの利益を、促進したり妨げたりするものだということになるのだろうか。

一九四〇年代に始まった公的態度や意見の体系的調査から、何十年にもわたって証拠が積み上げられてきている。それによれば、すべての民主的国家において、平均的な市民は、古典的・現代的いずれの様式で描かれるよき市民像からも大きくかけ離れてしまっているようだ。政治に深い関心をもつ市民は少数派にすぎない。ほかの人にある候補者への投票を勧めようとするにしても、政党のために働くにしても、政治的集会や大会に参加するにしても、政治的組織に加入するにしても、投票以外で政治に積極的にかかわっているといえるのは、さらに少数となる。そして、簡単に手に入れることができるニュースや情報が洪水のようにあふれているにもかかわらず、平均的な市民の政治的争点や候補者に関する知識はお粗末なものである。

手　腕

一般的なアテネ人で、演説者としてのペリクレスの手腕、つまり集会においてほかの市民の投票に影響を与える能力に対抗できる者はいなかった。同様に、イギリス市民でウィンストン・チャーチルの演説の手腕に対抗できる者もおらず、アメリカ人でＦＤＲ〔フランクリン・Ｄ・ローズヴェルト〕に対抗できる者もいなかった。さらに、政治的手腕には演説だけでなく、はるかに多くの技能が含まれる。リンドン・ジョンソンは決して偉大な演説家ではなかったが、利用可能なあらゆる資源を活用する人並み外れた手腕をもっていた。たとえば、公民権法の通過と施行に代表される画期的な変化を生ぜしめた際に示したような手腕である。[1] 優れた政治的手腕をもつ者は、「公共善」を達成するためにそれを使うことができるだけではない。おそらくはほかの市民の犠牲のもとに、自分自身の目的を達成するために使うこともできるのである。

動　機

政治的影響力を手にするにあたって、手腕に劣らず重要なのは、政治的決定への影響力を獲得し行使するために、その手腕を実際に用いる動機ももっていなければならないということである。同等の手腕をもつ二人のうち、片方が政治生活にひかれ、他方がまったく異なる道にひかれるということもあるかもしれない。リンドン・ジョンソンは、成功した法律家でありえたかもしれない。しかし子ども時代からの彼の大きな望みは、政治において成功し、最終的に大統領になることであったように思える。FDRは、その人生を田舎のジェントルマンで終えていたかもしれない。そしてウィンストン・チャーチルも、イギリスの貴族社会の場において、よく知られた顔として生涯を送っていたかもしれない。

政治的決定への影響力を獲得するために適切な資源、手腕、動機をもつ人びとであっても、その多くが選挙による公職を求めないという選択をするかもしれない。かわりに、その人びとは公務員や行政官として政府への影響力を手に入れるかもしれないし、ロビー活動や資金供与、公職にかかわる汚職、世論への影響力、それ以外の多くの手段によって影響力を獲得するかもしれない。事実、多くの著名な理論家は、民主的国家においてさえ（これらの理論家は似非デモクラシーと呼ぶことを望むかもしれないが）、政治生活はいつもエリート、とくに経済的エリートに支配されていて、その影響力は必ずしも人びとの目に入ることがないどころか、むしろ実際にはすっかり隠されてしまっているかもしれない、と主張してきている。(2)

私は、民主的国家において政治的影響力がどのように配分されるかについての一般理論を、ここで提唱しようとは思っていない。話の要点はもっと単純なことであり、そしてまったく明白であると考える。そうはいっても、まったく自明だからといって、重要ではないということではないのだが。このように言い換えさせてほしい。政治的資源、手腕、動機は、いついかなる場でも不平等に配分されている。

時間の制約

人類の歴史を通じ、あらゆる社会でほとんどの人が、自分の人生にとって重要だと考える集団においてほかの人びとの決定に影響力を及ぼそうと、相当量の時間を費やしてきている。家族、部族、職場、近隣、企業、職業団体、労働組合、クラブ、教会等々の集団に関してである。その意味では、影響力、権力、権威の使用は人間生活全般に行きわたっており、「政治」とは普遍的なものといえる。

しかし、人びとが多くの時間を使って国家の政府に影響を与えようと試みることには、まったく別の意味がある。たしかに、人類の歴史の大部分で、たいていの人びとには、所属する国家の政府へ影響を及ぼす機会など、あるにしてもわずかしか与えられてこなかった。それに対して、民衆統治である「デモクラシー」の誕生と拡大、そして一九世紀から二〇世紀にかけての市民権や参政権の拡張とともに、成人の半数かそれ以上が、その法や政策にしたがうよう義務づけられている国家政府の決定に平和裏に影響を与える試みに必要な、あらゆる権利と機会をもつようになった。それでも、政治的影響力を求めかつ利用するために多くの時間を割いているのは、民主的国家のごく少数の人びとに限られ、大多数の市民がそうではない、というのも容易にわかる事実である。

時間は希少であらかじめ量の定まった資源なので、何かひとつの活動に用いれば、必然的にほかの活動に用いることができる時間量を減少させることになる。人が生きるにあたってのこの基本的事実は、政治的平等にとって避けがたいいくつかの結果をもたらすことになる。

一、政治的影響力を得るための行動は時間を要する。異なる人びとは、政治的影響力を獲得するために時間を使うことのコストと利得について、異なった評価を下す。より多くの時間を消費することを好む人びとは、政治的決定に対してより大きな影響力を獲得しやすい。そうすると、ほかの条件を等しくした場合、異なる市民による消費時間の差は、影響力の不平等につながり、さらにそこから市民間の政治的不平等が生まれることになる。

二、市民が政治的決定に直接参加することが可能であるほど小さな政治単位においても、時間消費のコストと利得に関する認識の違いは、市民のあいだに何らかの政治的不平等をもたらすだろう。紀元前五世紀、アテネ民主政の最盛期にも、「実際には、出席しているのは市民人口のごく一部分にすぎなかった」[3]。市民の数が増えていけば、各人が政治的決定に直接参加するため必要となる時間の総量はすぐに一線を越え、ほとんどの市民は、かりに出席したとしても、もはや十分に参加することなどできなくなってしまう。タウン・ミーティングでの市民の発言の権利を考えてみよう。発言権を行使しようとする市民の数が増えると、時間のコストは急激に上昇する。二〇人の市民しかいない単位では、市民一人ひとりが一〇分ずつ話すことを認められた場合、会合は二〇〇分、三時間強を要することになる。五〇人の市民からなる単位であれば、市民一人ひとりに一〇分ずつ話すことを認めると、まるまる八時間を費やすことが必要となる。そして五〇〇人の市民を有する単位では、八時間開催の集会日が一〇日間以上必要になる。民主的政治単位の市民の数が増えるにつれて、直接参加のための時間のコストは考えられないような高さにまで急上昇するのである。

単位の規模が、すべての市民が立法に直接参加するには大きすぎるまでに拡大した場合には、三つの選択肢がある。民主的政治単位がたとえば二〇人を超える市民からなっている場合、分離してそれぞれがより小さな単位を形成してもよい。だが、これはたいていの場合、現実的な解決策ではないだろう。第二の可能性は、市民の公式あるいは暗黙の同意を受けて、市民集会で発言をおこなうことにより参加する人の数を制限することである。この解決法ならば、タウンのような単位で、市民のあいだでの比較的高いレヴェルの政治的平等と民主的意思決定を維持することが可能となるかもしれない。[4]しかし、もしその単位で人口の（言うまでもないことだが領域規模も）増大が続き、実際に直接参加できる市民の比率がしだいに小さくなっていくならば、この方法でさえも現実味のないものとなるだろう。そうなると、規模の問題を取り扱う方法としてはっきりとあげられるのは、多くの時間を割いて所属単位の全メンバーのために意思決定をおこなう、少数の代表者を市民に選んでもらうことだ、ということになる。この第三の解決は、もちろん、すべての民主的国家で採用されてきているものである。実際には、市民は代表者に決定をおこなう権限を委任しているのである。

こうして、われわれは政治的平等の可能性に対する、もうひとつの限界に突き当たることになる。[5]時間と人口数の法則：民主的単位がより多くの市民を含むほど、市民は政府の決定に直接的には参加できなくなり、ほかの人に権限を委任しなければならなくなる。

規模のディレンマ

政治単位の「規模」について考えようとすると、いくつか異なる次元のことが頭に浮かぶかもしれない。たとえば、総人口、成人市民の数、またはその単位が占める領域の大きさなどである。どのような政治システムにおいても、これらは相互に関連している場合が多い。ある政治システムが支配する領域が大きくなれば、そのシステム内の人びとの数もおそらく（必然的にとはいえないが）増大し、たぶん成人市民の数も増えるだろう。だが、以下では、領域の大きさと総人口については考慮せず、もっぱら成人市民（これ以後は単に「市民」と呼ぶことにする）の数にのみ焦点を絞ってみたい。

ここでは、時間と人口数の法則から当然推察される、つぎの法則が成り立つ。規模のディレンマ：民主的単位が小さいほど、市民参加の可能性は大きく、市民が政府の決定を代表者に委任する必要は少なくなる。単位が大きくなれば、市民にとって重要な問題を処理する能力は高まるが、市民が代表者に決定を委任する必要は増すことになる。

規模の増大が政治的平等に逆に悪影響を及ぼす可能性があるという点に移る前に、非常に重要な例外に言及しておきたい。もし市民数の増加が、たとえば参政権の拡大などによって、完全な市民権の諸権利をもつ成人人口の割合が増加したことの結果であれば、政治的平等に望ましい効果がもたらされる。その場合、市民数の増加によるいかなる逆効果（これについては以下でみていく）をも相殺して余りあるということが起きるかもしれない。以下では、成人市民から焦点がずれないように、この可能性は考慮しないこととする。

極小規模の単位は例外として、市民はかなりの権限を、執行部門、行政官、議事設定者、裁判官などほかの人びとに委任しなければならない。古典古代のアテネでは、たとえば、市民は民会の集会のために議題を設定する権限を、くじによってメンバーが選ばれる五百人会（Boule）に委任していた。ニュー・イングランドのタウン・ミーティングでは、重要な権限が執行部に委任される。たとえば、コネティカット州での執行部は理事会（Board of Selectmen）として知られており、主席理事（First Selectman）が実質的にはタウンの長を務める。大都市や行政区画としての州、地域、アメリカの州、国、国際組織のようにもっと規模が大きいシステムでは、行政・司法上の決定をおこなう権限は、より完全に委任されることになる。

代表者は一般市民よりも決定に対して直接影響を与える機会を多くもつのだから、その権限は政治的平等に関する問題を生じさせることになる。いかにして有権者は、選挙または任命された代表者が、有権者全体の見解や利害を、あるいは、ともかくも有権者の多数の見解や利害を正確に反映した政策を間違いなく追求していくと確認できるのだろうか。端的にいえば、どのようにして市民は代表者を完全に責任ある存在となしうるのだろうか。

権限が選挙による代表者に委任された後になっても、規模の影響が消えるわけではない。単位の規模が拡大すると、公共政策の数や複雑さも増大しやすく、市民がもつべき知識に対する要求も、もちうる知識の限界をしだいに超えるようになる。五〇〇人や五〇〇〇人の住民からなるタウンの問題を市民が正しく把握するということと、一〇万、一〇〇万、さらには一億の市民から形成される単位が直面する政治的課題を市民が十分に理解することは、まったく別の問題である。

表 5－1　民主的諸国における議会代表と人口の比率

国	立法府への選出者総数	下院への選出者総数	人口（100万人）	下院議員 1 人あたりの人口
オーストラリア	226	150	19.9	132,754
オーストリア	245	183	8.2	44,671
ベルギー	221	150	10.3	68,989
カナダ	413	308	32.5	105,545
フランス	923	577	60.4	104,721
ドイツ	672	603	82.4	136,691
インド	793	545	1,065.0	1,954,258
イタリア	945	630	58.1	92,155
日本	722	480	127.3	265,277
メキシコ	628	500	105.0	209,919
スペイン	609	259	40.2	155,524
イギリス	1,259	659	60.3	91,458
アメリカ	535	435	293.0	673,627
平均	630	421	151.0	310,430

出典: TheCIAWorldFactbook,http://www.cia.gov/cia/publications/factbook/

政治単位の規模は、代表機関に従事する人の数についても、実質的な限界を課することになる。しかも、代表者の数は時間とも関連する。各代表者あたりの市民数が増えるほど、各代表者が市民と直接会合したり、郵便・電話・電子メールのような電子媒体を通じて間接的に連絡したりするために用いることのできる時間は少なくなるだろう。代表者はまた、有権者とのコミュニケーションを促進するためにスタッフを任命するかもしれず、現に現代の代表機関では事実上全員がそうしている。そのようにしてもまだ、時間と数の問題は効果的な意思の疎通に対して打ち勝ちがたい制約を課するのである。

現代の民主的諸国における立法府は規模の点で大きく異なっているが、そのいずれにおいても、一人のメンバーにより理論上代表されている人びとの数は、巨大なものとなっている（表5－1）。

アメリカ人は、およそ六七万三〇〇〇人につき一人の割合で下院議員を選出し、ドイツ人はおよそ一三万七〇〇〇人につき一人の割合である。極端な例をあげれば、インドでは、およそ二〇〇万人につき一人の議員という比率である。もっと小さな民主的国家でも、規模による制約から逃れることはできない。したがって、もっとも先進的な技術をもってしても、民主的国家の議員は、選挙区の有権者のごくわずかな部分としか真剣で十全な議論をおこなうことはできないだろう。

ここでの議論の核心は、政治システムの規模を大きくして権限を委任することは望ましくない、ということではない。逆に、全体としてみれば、それは非常に望ましいともいえるかもしれない。しかし、規模のディレンマに関して、政治システムに含まれる人の数を増やすという方向に動くならば、全市民のあいだでの政治的平等を達成することに対する障害が、どうしても生じてしまうことになる。

市場経済の存在

財とサーヴィスを分配する主要制度としての市場経済の存在は、政治システムの規模を拡大させる重要な原動力となっている。

一九世紀全般と二〇世紀の大半を通じて、多数の知識人、政治家、労働者、その他の人びとが、つぎのような選択肢への支持を表明した。すなわちそれは、企業が国家によって所有・運営される存在へと転換される、もしくは労働者や消費者によって所有・運営される協同組合へと転換されるような、〔市場経済と異なる〕選択肢である。これら社会主義的ヴィジョンの多くでは、資本主義システムで主に市場によって定められていた価格、賃金、生産高などの諸決定が、全般的にあるいは部分的に、政府職員またはその他の市場の代替手段によっておこなわれることになる。(6) もちろん、私は、社会主義者やその他の資本主義批判者によってプログラム化された提案を、ひどく単純化してしまっている。しかしいずれにしても、ここで言いたいのは、二〇世紀が終わりを迎えるよりはるか以前に、市場資本主義へのこれらの代替案が、公的な争点からは事実上消え去っていたということである。それらは、すでにかつての社会主義・共産主義社会の夢を放棄した中道左派政党、すなわち社会党や社会民主党の名前に歴史的な残滓として残り続けていただけであった。いかなる先進民主国家のどの主要政党も、実際に「生産手段の社会的所有」という社会主義の目標に向かって進むことを主張することなどなかったのである。

社会主義者や集権的計画の支持者、または、何らかの種類の非市場経済によって市場の全体あるいは大部分を置きかえようと望む批判者たちの見解とは反対に、二〇世紀の経験からかなり決定的に示されたのは、非市場経済は非常に非効率的だということである。それと同時に示されたのは、経済上の決定を司る権力が必然的に政府の手中に収まることになるため、指導者に対する民主的コントロールとは両立不可能だということである。これに対して、現代の市場経済では無数の決定が数えきれないほどのアクターによってなされており、それぞれは相対的にほかから独立していて、かなり狭い自己志向の利益にもとづいて行動し、市場によって供給される情報がその導きの糸となっている。それでも、考えられるあらゆる代替案よりもはるかに効率的に、まことに驚くべき規則性と秩序を保ちながら、財とサーヴィスが生産されているのである(7)。

さらに、多くの企業への決定の分権化に助けられ、中央指令経済の特徴である高度な権力の一極集中が防止されている。この特徴やその他の特徴のおかげで、多くの権威主義的・全体主義的諸国家の顕著な特徴であった中央集権的で国家運営による経済よりも、市場経済のほうがもっとデモクラシーと両立しやすいものとなっている。

しかしこれらすべての長所にもかかわらず、市場経済は、民主的秩序につきまとう諸問題を生ぜしめる二つの逆効果をともなう。

第一に、規制なしでは、あるいは規制があったとしても、市場経済は不可避的に、そしてほとんど絶え間なく、一定の人びとに害を与え、時には多くの人びとに害を与える。市場経済で頻繁に生じる大規模な変化によって引き起こされる種々の害は、多数に及ぶ。そのなかには、つぎのようなものが含まれる。

失業
雇用の機会が、非熟練労働に限定されていること
貧困化
持続的な貧困
家庭用住居の喪失から路上生活にまで及ぶ、不十分な住環境
仕事場の条件から生じる、病気、肉体的障害、死
自尊心、自信、尊敬の念に加えられるダメージ
職探しのための移動による、近隣関係や友人の喪失

第二に、市場経済、少なくとも資本主義的な市場経済は、市民のあいだに資源の大きな不平等を間違いなく生み出す。これらの不平等は、収入や富だけでなく、直接的にも間接的にも、情報や地位、教育や政治エリートへの接触、その他、多くの点での不平等へと広がっていく。すでに論じたように、これらの資源はすべて容易に**政治的**資源へと変換されうるものであり、ほかの人びとに対する影響力、権威や権力を得るために用いられうる。市場経済から生じる資源の不平等によって、ほかのすべての政治的資源に関する不平等さは、大きく悪化させられることになる。

市場で損害を受けた人びとでも、民主的政治制度によってふたたび立ち上がり変化を求めることが

可能となっており、しばしばそれで一定の成功もおさめる。したがって、自由市場と政府規制の境界線はつねに流動的である。そのうえ、ドイツでビスマルク——彼はとうてい社会主義の支持者とはいえないが——のリーダーシップのもとに初めて実行され、二〇世紀にすべての先進民主政国家で（遅ればせながらアメリカ合衆国でも）広範に採用された諸手段は、規制を受けない市場資本主義に固有の残酷さと過酷さをかなり減少させた。皮肉なことに、資本主義型市場経済がもっとも脆弱な人びとに与えてきた過酷な影響を緩和することによって、福祉国家は非市場型社会主義経済への支持をさらに減少させたのだ。

まとめよう。市場経済は、不可避的かつ頻繁に、一定の市民に深刻な害を与える。市民のあいだに資源の大きな不平等を生じさせることによって、市場資本主義が民主的国家の市民のあいだにおける政治的不平等を促進してしまうということも、避けられない。

だが、現代の民主的国家に、市場資本主義経済に代わる実現可能な選択肢はないのである。

非民主的国際システムの必要性

政治的平等に対して国際システムがもたらす問題は、三つの簡潔な命題のかたちに要約することができる[8]。

・国際システムは、とりわけ民主的国家の市民にとって重要な帰結をもたらす決定をおこなう。
・国際システムによる決定の多くは、非常に望ましい結果を導く。
・しかし、国際システムの決定は、現在のところ民主的なものではないし、おそらく民主的におこなうことは不可能である。

第一の命題は、ほとんど疑問の余地がない。少し例をあげるだけでも、ヨーロッパ連合、国際通貨基金（ＩＭＦ）、世界銀行、国際労働機関、北米自由貿易協定、北大西洋条約機構、米州機構、国際連合、国連開発計画、世界保健機関等々が頭に浮かぶ。

これらに加えて、グローバルな企業や市場が重要な影響をもたらす。

第二の命題について疑問を呈する人も多くないだろう。もっとも、個別具体的な決定、結果、組織、システムが望ましいかどうかについては、強い反対があるかもしれないが。

ところが、第三の命題が正しいとなると、われわれは民主主義と、さらには政治的平等に対する深刻で重大な挑戦に直面することになる。

国際システムでの決定に関して、集合的決定に到達するためには四つの基本的な社会政治的プロセスがあると、私は考えている。ヒエラルヒー、つまりリーダーによるコントロール。取引、つまりリーダー間でのコントロール。価格システム、つまりリーダーによるリーダーに対するコントロール。そしてデモクラシー、つまりリーダーに対するコントロールである。(9)

これらはもちろん、非常に単純化、抽象化された類型である。現代の民主的国家では、純粋なかたちで、ほかの類型と交じり合わずに存在するものはない。実際、現実のシステムをより綿密に観察し記述するにつれて、四つの理論的には区別可能なプロセス相互の関係は複雑になっていく。それでも、基本的な論点はつぎのようなかたちで適切にまとめられるといってよいだろう。それはすなわち、意思決定の国際システムは、ヒエラルヒー、エリート間の取引、そして価格システムを含む。明らかに欠けているか、そうでないにしてもまったく意味をなさないほど弱いといえるのは、意思決定者に対する効果的な民主的コントロールである、ということである。

すると、ここでの問題はつぎのようなものとなる。国際システムが、たとえば民主的国家内に見られるものと同等な程度にまで現代代議制民主主義の基本的な政治制度を発達させることは、期待できるのだろうか。〔この問いに対し、〕懐疑的な答えを出さざるをえない理由がいくつかある。

・第一に、それら諸制度は意識的に創設されなければならない。それらは自生的な生成や無目的なダーウィン主義的進化などのかたちを通じて生じるものではない。ところが、ヨーロッパ連合を例外としてあげることは可能かもしれないが、それ以外のいかなる国際組織においても、真に民主的制度がひと揃い完全に導入されるという見通しを得ることなど、事実上できない。たとえば、世界銀行や世界貿易機関（WTO）の決定が、ある日、その決定に拘束される諸国の人びとの手で直接選出された代議員からなる立法府によりおこなわれるようになると想定するのは、まったく愚かしいといってもよいほどである。

・第二に、国際システムは規模の問題を際立って増幅させる。かりに大規模国家の段階で政治的平等に対する挑戦が限界点にまですでに押し進められているとすると、国際システムはそれをさらに進めることになる。

・第三に、歴史的経験、アイデンティティ、文化、価値、信条、忠誠、言語、その他、多くの点における多様性によって、国際組織における民主的制度の創設と運営は、さらに見込みのないものとなる。規模と多様性のあいだの関係は、経験的にも理論的にも定まったものではない。それはたとえば、ベルギーやスイスの文化的多様性を考えてみればわかる。しかし、一般的にその関係は正であり、規模の増加は、市民数だけでなく領域についての増加も含めて、多様性を増加させる傾向がある。この結論は、国際システムについて明確に真であるように思われる。というのも、国家のなかにすでにある多様性に加えて、国際システムは、ある国家群に固有でほかの国家群には見られない多様性をもつけ加えることになるからである。

多様性があるために、同じ決定でも、異なる集団には異なる結果がもたらされる。事実上すべての政治的決定のコストと便益が、異なる集団には異なった意味をもつ。つねに、勝者とともに敗者が生じるということである。敗者はしぶしぶ屈するかもしれない。だが、まったく屈しないかもしれない。民主的国家のなかでさえ、敗者や敗者になる可能性のある者は、暴力に訴える可能性がある。一八六一年のアメリカ合衆国では、結果は内戦であった。

・多様性は、懐疑的態度を支持する第四の理由も示している。それは、紛争と危機の時代においても、政治制度を支持するように市民を誘う政治文化を創り上げる必要があるという問題である。厳しい危機の際に安定を維持することは、とくに高度の多様性をともなうときには、民主的国家の内部ですら十分に困難である。（この問題には、すぐ後で戻ることにしよう。）アメリカ人が五〇年以上にわたって築き上げてきていた、全体的に民主的で立憲的な政治文化も、一八六一年の分裂と内戦を防ぐには結局弱すぎた。もし広く共有された政治文化、言語、国民的アイデンティティを有する国のなかでさえ、危機や紛争が一体性を脅かすのであれば、広く共有された政治文化を欠く国際システムにおいては、それらはなおさら一体性を脅かすことであろう。

・第五に、多くの国際的決定は複雑なので、たいていの市民にとって、そのような決定に対し情報にもとづいた合意を与えることは極端に難しく、不可能といってもよい。民主的国家の内部で、市民は外交問題に関する情報について、もっとも疎遠になりがちである。国家システムが多くの場合うまくいかないのに、どのようにしたら国際システムが成功をおさめられるというのだろうか。

・最後に、グローバル経済、国際的市場、国際企業から構成される国際システムには、それ固有の非常に複雑な正統性の問題がある。企業は主に内部の管理に関してはヒエラルヒー的であるが、しかし多少なりとも競争的市場で活動し、市場での競争によって消費者に何らかの利益をもたらすと同時に、何らかの国家規制を受け入れることによっても大いに人びとから受容され、人びとから寛容と正統性を獲得する。もし過去二世紀の経済の歴史から学ぶことがあるとすれば、それはつぎのようなことである。すなわち、市場の競争が容認しうるレヴェルにあることを確実にするためにも、規制を受けない企業や市場があった場合に引き起こされる損害を減少させるためにも、もっと公正で少なくとも受け入れられる利益の配分を確保するためにも、国家による規制は絶対に欠くことができないということである。国家による規制なくしては、政治的エリートと大衆は、私企業と市場をよく知られた歴史のゴミ箱へとすぐに掃き捨てることになってしまうであろう。

どのようにして、企業と市場は国際レヴェルで規制されうるのだろうか。ひとつの答えは、ＷＴＯや世界銀行、ＩＭＦなどの国際組織やプロセスにより規制されるだろうというものである。しかしこの解決は、望ましいとしても、民主的な同意をどのように得るかという中心的問題を、単に別のかたちで言い換えただけではないのだろうか。

私は、〔いまの〕非民主的な国際システムがまさしく独裁制であると言いたいわけではない。おそらく、現在使われている語彙のなかには、満足できるような呼称がないのである。私はそれを、制限された多元的エリートによる政府、というように呼んでみてはどうかと思っている。つまり、決定をおこなう際に、国際的政治・官僚エリートは、条約や国際的合意や、最終的には国家による拒否の脅威によって制限されるということである。そして、エリート層内部にみられる見解や忠誠心や義務感の多様性ゆえに、それは典型的に多元的なものといえるのである。

危　機

政治の基本原則をもうひとつ提示しておいたほうがよいだろう。各政治システムはときどき深刻な危機に直面する可能性がある、というものである。

この危機には、深刻な国際紛争、内戦、外国の侵略、国際戦争、自然災害、飢饉、経済不況、失業、激しいインフレーション、その他が含まれる。このリストにいま、消えることのないテロリストの攻撃の可能性が加えられなければならない。

民主的制度がしっかりと確立されておらず、民主的政治文化が脆弱な国では、危機によって、前世紀にラテンアメリカ諸国などでしばしば生じた、崩壊と独裁制への退行がもたらされるかもしれない。もっとも、民主的制度やそれを支援する政治文化が長年存在して相対的に確固としている国でも、深刻な危機の際に、選挙された代表者から行政部へ、つまり議会や国会から首相や大統領へと権力の移行が生じる可能性がある。

行政部への権力の移行は、緊張がそれほど高まっていないときでさえ、民主的コントロールが及びにくい政策領域、とりわけ外交および軍事問題にかかわる危機の際に、とくに顕著になりやすい。たとえばアメリカ合衆国においては、外交政策に対する大統領のコントロールは、つねに議会によるそれよりもはるかに強いものとなっている。行政権力の拡大と立法府によるコントロールの減少、そしてもちろん一般市民の影響力の減少は、戦争の脅威に直面するととくに明らかとなり、戦争そのものが発生した場合にはさらに程度がはなはだしくなる。最近のことでいえば、テロリズムの脅威が、行政部への権力移行の大きな要因として登場してきた。これは、二〇〇一年九月一一日の〔テロ〕攻撃後に見られた、アメリカ市民とアメリカ議会から大統領への権力移行に、とりわけ顕著である。（この経験については、次章でまた論じる。）

市民のあいだの政治的平等を劇的に減じさせることに関して、国際的危機とテロリズムの脅威の影響は、決してアメリカに特有のものではない。おそらく、危機、それも外交上の危機によって権力がどれほど議員と人民から行政部へ移行するかについては、イギリスによって示されるもの以上に劇的な事例はほかに考えられない。そこでは、イギリス首相と内閣が、圧倒的かつ継続的で増大さえしていたイギリス人民による反対にもかかわらず、アメリカのイラク侵略を支援するという選択をしたのである。

幸運にも、外交問題や戦争以外の多くの事柄では、リーダーを含めたすべての市民のあいだの政治的平等の程度は、何らかの欠点をもっていながらも「デモクラシー」とみなされる他の諸国に存する閾値に踏みとどまっているか、その上をいっている。

まとめよう。

いついかなる場でも、ある政治単位の市民のあいだにおける政治的平等という目標は、超えがたい障害に直面する。政治的資源、手腕、動機の配分。時間に関する緩和しがたい制約。政治システムの規模。市場経済の普及。重要かもしれないが民主的とはいえない国際システムの存在。そして深刻な危機の不可避性。

われわれがいま完全に「民主主義的」であると判定している諸国において、これらの限界を超える可能性はあるのだろうか。それとも逆に、その目的へ向けての将来的な進歩は、この限界に妨げられてしまうのだろうか。もっと悪く、民主的国家が市民のあいだにいまより大きな不平等をもたらすようになるという逆転現象が引き起こされるのだろうか。拡大しつつある政治的不平等によって、アメリカを含むいくつかの国は、「権威主義」や独裁制などに類するものと呼べるようなレヴェルは十分に超えているとしても、「民主主義的」とみなされる閾値の下に、引き下げられてしまうのだろうか。

要するに、あれほど多くの国家が「デモクラシー」への移行を果たした驚くべき歴史的時代は今世紀中に終焉を迎え、安定した民主的諸国が民主化の度合いのかなり低い統治形態のただなかへ埋没してしまうような、新しい時代が到来するのだろうか。

第6章　アメリカにおける政治的不平等は増大するか

民主的諸国における政治的平等の将来の姿は、きわめて不確定な要因に満ちているように思われる。いくつかの可能性を考えてみよう。たとえば、現在一定レヴェルの政治的平等や不平等が存在していて、それがほとんど変化しないという場合が考えられる。あるいは、今後さらに政治的不平等が縮小し、ほとんど理想状態に近い水準の政治的平等が達成される場合も考えられる。あるいは、政治的平等の実現を阻む障害がしだいに克服しがたいものとなり、その結果、政治的平等という目標がはるか遠いものとなってしまう場合も考えられる。さらに、込み入った話ではあるが、ありえない話ではない可能性として、こうした二つの方向への変化がいずれも生じる場合も考えられる。つまり、これは、いくつかの障害が克服される反面、いくつかの障害は克服が困難になり、それらの効果全体を総計すれば、平等の実現のために設定された閾の高さはほぼ以前と変わらないままで、政治的平等化という観点からいえば有意な前進も後退もないという場合である。あるいはまた、別の可能性も考えられる。それは、こうした双方向の変化の効果を総計した結果、政治的平等の度合いが有意に減少し、市民相互のあいだで、政府の決定に対して影響を与える力の不平等がさらに拡大するという場合である。

こうしたさまざまな不確定性をはらんだ状況を見通しよく考察するために、以下では議論をアメリカの話に限定したい。そのうえで、多くの可能性のなかから二つだけを考察することとしたい。すなわち、そうした可能性のひとつは、アメリカ市民のあいだにおける政治的不平等が実質的に拡大するという可能性である。もうひとつの可能性は、アメリカ人が、平等というとらえどころのない目標により近づくという可能性である。もっとも、ここで私は、こうした二つのシナリオが、それ以外のシナリオよりもはるかに実現の可能性が高いなどと示唆しようとしているわけではない。そうではなく、この二つの可能性が、それぞれ独自の視角から、われわれに対して挑発的な議論を呈示してくれることを示したいのである。

ところで、ここで厄介な疑問がわき上がる。政治的不平等が拡大したとか縮小したなどと結論するためには、この平等というとらえどころのない目標と現実との隔たりを測定するための方法が必要となってくる。そこで続いて、この問題を論じることとしたい。（こうした議論は省略して、いま述べた二つの未来の可能性に関する見解に、すぐに話を移すことを望まれる読者もおられるかもしれないが。)

政治的不平等を測定する

アメリカにおける政治的平等の将来像に関して、本当の意味で十分な根拠をもった判断を下すなどということは、おそらくわれわれの手にある問題である。

その理由のひとつは、つぎのような点にある。すなわち、富や収入、あるいは健康や寿命、その他のさまざまな目標とは異なって、政治的平等の増減を判定しようとする場合、たとえば「あるX国においては、Y国におけるそれよりも二倍だけ政治的平等が達成されている」などと述べることを可能にする、基数的な指標が欠けている。こうした場合、せいぜいのところ「より多く」「より少なく」「およそ同じ程度」などといった判断にもとづいた、序数的な指標に依拠せざるをえない。たとえば、一九九〇年から一九九九年までの期間に、アメリカにおける一人あたりの国民総生産は、二万三五六〇ドルから三万一九一〇ドルへと六五パーセント上昇し、この値はドイツの値を二五パーセント上回り、ナイジェリアの値の一二二倍に達するという事実は、確実な結論として主張できる。だが、それとは異なり、一九五〇年代から一九六〇年代にかけて公民権法が施行されて以降二〇年のあいだに、アメリカにおける政治的平等化は一五パーセント（あるいはどんな数字でも結構だが）だけ進展した、などと主張することはできないのである。

とはいえ、ある特定の政治的特質や制度について、その所在が明確なものとなりつつある度合いの多寡を論ずることを可能にするような、何らかの序数的な指標を作り出すことは可能かもしれない。ここで念頭にあるのは、たとえば、いま述べたように公民権立法が施行されて以降、アフリカ系アメリカ人が投票その他の政治的活動に積極的に参加するための諸権利の擁護が促進され、アメリカにおいて「民主主義」や「政治的平等」が拡大したなどという場合である。あるいは、X国における政治的平等化の度合いは、Y国におけるそれよりもより高い次元にある、ということくらいまでは確信をもって結論できるかもしれない。また時には、何らかの量的な指標を根拠としつつ、政治に関する一定の確固とした質的評価に到達できる場合も存在する。それは、労働者・女性・アフリカ系アメリカ人などのように、従来社会から排除されていた集団が、投票権その他の重要な政治的権利を獲得した際に生じる変化を論ずる場合などである。

しかし、より多く生じることになるのは、ある特定の国家において、ある特定の基本的な民主主義的諸制度が確立している程度に関して、有能な観察者の判断に依拠せざるをえない場合である。これまで相当の年月にわたり、政治学者もそれ以外の者も、もっとも民主主義的な国家からもっとも民主主義的でない国家までを並べた尺度のうえで、異なった国々がどこに位置づけられるかを考察する場合、こうした観察者の判断に依拠し続けてきた。表6－1には、一二六の国について、もっとも民主主義的な国家からもっとも民主主義的でない国家までをランク付けした結果の要約を示してある。このランキングは、代議制民主主義の主要な政治制度として第2章で述べたつぎの四つの制度について、二〇〇〇年の段階でそれらが存在するか否かに関して、観察者が下した判断にもとづいて作られたものである(1)。

・自由で、公平で、頻繁な選挙。
・表現の自由。
・複数の情報源：市民が官吏の見解と異なる見解に自由にアクセスできること。
・結社の自律性：たとえば政党などのような政治的組織が、政治的活動を開始し、それを続けていくことに関して、完全な自由をもつこと(2)。

政治的平等の実現に際して民主主義的な政治制度がもっている重要性を所与の前提とする限り、表6－1に示されたような序数的なランク付けは、さまざまな欠点にもかかわらず、政治的平等化および不平等化の度合いを測定するための大まかな近似値としては、十分に有用なものだということが可能である。

とはいえ、ここまでにあげたものや、これに類似した諸国の類型化は、議論に困難な論点を提起しかねない、二つの関連した欠点を免れえない。その欠点のひとつは、このランキング上の特定順位に分類される国々が満たすべき民主化の度合いの上端および下端にあたる閾値がやや恣意的に決められている、という問題である。そしてさらに、たとえば「もっとも民主主義的な」諸国や、その対極にある「もっとも非民主主義的な」諸国などの内部に、より細かい差異が設けられていないという問題である。つまり、こうしたランク付けの尺度は、ノルウェー・スウェーデン・スイスなどといった国々が、フランス・イタリア・アメリカなどと比べて幾分なりとも「より民主主義的である」という可能性（また逆に、もっとも非民主主義的な諸国や、もっとも権威主義的な諸国の内部にも、重要な差異が存在するかもしれない可能性）を認めることがない。

表6－1　各国のポリアーキー度ランキングの集計：1985年から2000年まで（デモクラシーの発展度に応じてランク付けされた国の数）

ランク	1985	2000
1	10	26
2	8	15
3	1	25
4	13	16
5	10	13
6	9	9
7	19	2
8	19	7
9	7	4
10	27	9
計	123	126

図6－1は、経済協力開発機構（OECD）を構成する三〇カ国に関して、一九八五年および二〇〇〇年の両年における民主的アカウンタビリティのランキングを比較したものである。

図 **6－1**　OECD 30カ国の民主的アカウンタビリティのランキングの概要（6点を満点とした指標であり，もっとも民主主義的でない諸国からもっとも民主主義的な諸国までをランク付けした）

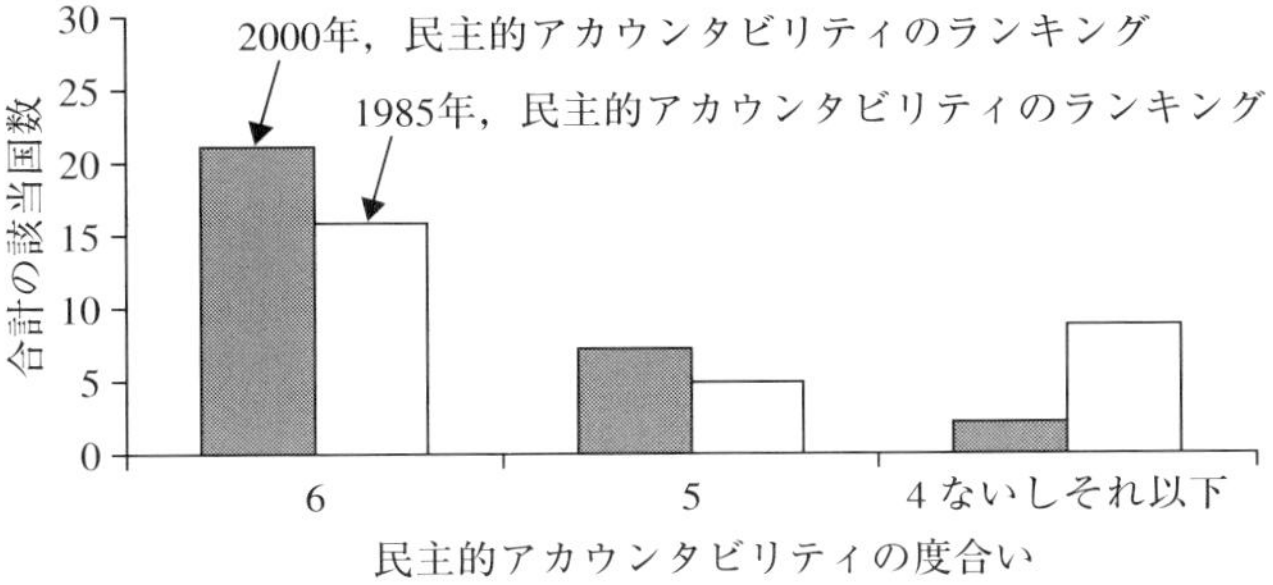

しかし、ここでさらに厄介なこの類型化の第二の欠点に直面せざるをえない。それは、こうした尺度の両極端のあいだに位置するような政治的システムに関しては、一般的に受容しうるような名前が存在しないという問題である。こうした政治的システムは、「もっとも民主主義的な」国家の水準には達していないものの、「もっとも非民主主義的な」国家より上の水準にあることは確かであるし、おそらくははるかに上をいく水準にあることも確かだろう。いまかりに、テロの脅威により生じた市民的自由の衰退の結果、アメリカに変化が生じ、アメリカが「もっとも民主主義的」のカテゴリーから、尺度上のより低いカテゴリーに移動させられる必要が生じたとしよう。そして、低いカテゴリーとはいっても、最低のカテゴリーからはかなり離れたカテゴリー、たとえば尺度上の第四カテゴリーに移されたとしよう。この場合、ベニート・ムッソリーニ独裁下のファシスト・イタリアや、ヒトラー独裁下のナチス・ドイツ、スターリン独裁下のソヴィエト連邦、あるいは、軍事政権下のアル

ゼンチン・チリ・ウルグアイなどの体制を実際に体験し生き抜いた人びとは、つぎのような事実を真っ先に指摘することだろう。それは、こうしたカテゴリーに属する国々を、第一〇カテゴリーやそれ以下に位置する国家などと同様に、ファシスト的、権威主義的、全体主義的、あるいは独裁的などと呼ぶことにしてしまうと、きわめて深刻な誤解が生じるだろうという事実である。この場合、どういう呼び名を用いるにせよ、アメリカはもはや、もっとも民主的な国からもっとも民主的でない国までを並べ、人びとの支持をも得た尺度軸の上において、最上位の国家群に位置づけられることはない。いいかえれば、アメリカはもはや民主主義とはいえない状況に陥ってしまう。つまりアメリカは、自らの市民相互のあいだにおいて政治的平等を実現するという、いまだ実現されたことのない目標を達成できる位置から、はるかに後退してしまうことになるのである。

しかし他方、アメリカがこれとは異なったシナリオをたどった場合を想定してみよう。すなわち、民主主義が大いに強化され、一般のアメリカ市民が自国政府の決定に対して及ぼしうる影響力が増大して、ついにその影響力が表6－1の閾値の上限をはるかに超えた、史上例のないレヴェルにまで到達したと仮定しよう。この場合に、われわれは自らの政治体制をいったいどのように呼ぶべきだといえるのだろうか。

こうした呼び名の問題は些末な問題のようにみえるかもしれない。だが、適切な名前が見つからない場合、さまざまな政体を、たとえば「民主主義的な」政体と「非民主主義的な」政体、あるいは、

「善玉」政体と単なる「悪玉」あるいは「邪悪な」政体といったような、きわめて幅広い内容を包括する二つのカテゴリーに分類してしまう、過度の単純化に陥りやすいのである。

なぜアメリカ人が政府に対して及ぼす影響力がより不平等化しうるのか

ここで二つのシナリオのうち、第一のものである、アメリカの市民相互のあいだでの政治的不平等がはるかに増大するというシナリオに戻ってみよう。[3] なぜこうしたシナリオが生じうるかを考察するために、第5章で述べた平等化を阻む六つの障害について検討してみよう。

一、政治的資源、手腕、動機の配分。
二、時間に関する緩和しがたい制約。
三、政治システムの規模。
四、市場経済の普及。
五、重要かもしれないが民主的とはいえない国際システムの存在。
六、深刻な危機の不可避性。

このうち時間が生み出す制約に関しては、今後も現在と同様のまま克服しがたい障害として作用し続けると仮定しよう。その場合にも、それ以外の五つの障害がより激しいものとなり、アメリカ市民のあいだにより深刻な政治的不平等が生じる可能性が十分に存在する。

政治的資源の配分

二〇〇五年に『エコノミスト』誌に掲載された、「アメリカにおけるメリットクラシー」という論文は[4]、アメリカの市民相互の「収入面での不平等は、一八八〇年代のギルディッド・エイジ〔金ぴか時代。一九世紀末のアメリカ資本主義の発展期〕以来、過去に例をみない程度にまで拡大している」と論じた。一九七九年には、アメリカ国民全体の上位一パーセントに属する人びとの平均的な収入は、最下層二〇パーセントの人びとの平均収入の一三三倍であった。それが、二〇〇〇年には一八九倍に拡大した。あるいは、アメリカの上位企業一〇〇社について社長の給与を比較すると、三〇年前にはそれが平均的な労働者給与の三九倍にとどまっていたものが、現在では一〇〇〇倍を超えるまでになっている。そのうえ、社会的な地位の流動性は減少した。ある研究によれば、「もっとも流動性の上昇が顕著にみられる社会的階層とは、社会の最上層に属する階層にほかならない」。しかも、アメリカで広く信じられていることとはおよそ反対に、客観的な証拠の示すところによれば、アメリカにおける社会的流動性が多くのヨーロッパ諸国より大きいという事実はなく、むしろそれは、アメリカの社会的流動性のほうが実は小さいかもしれない、という見解を強く支持している。著者は結論する。「アメリカ合衆国は、しだいに流

図 **6－2**　収入と教育の不平等（2002年国連開発指標にもとづく）。左側の数字は，2002年の地球情報ネットワーク機関（GINI）による収入不平等指数を示している（表中では棒グラフで示されている）。右側の数字は，有効な識字能力を欠いている人びとの割合（16歳から65歳のあいだで）を示している（実線で示されている）

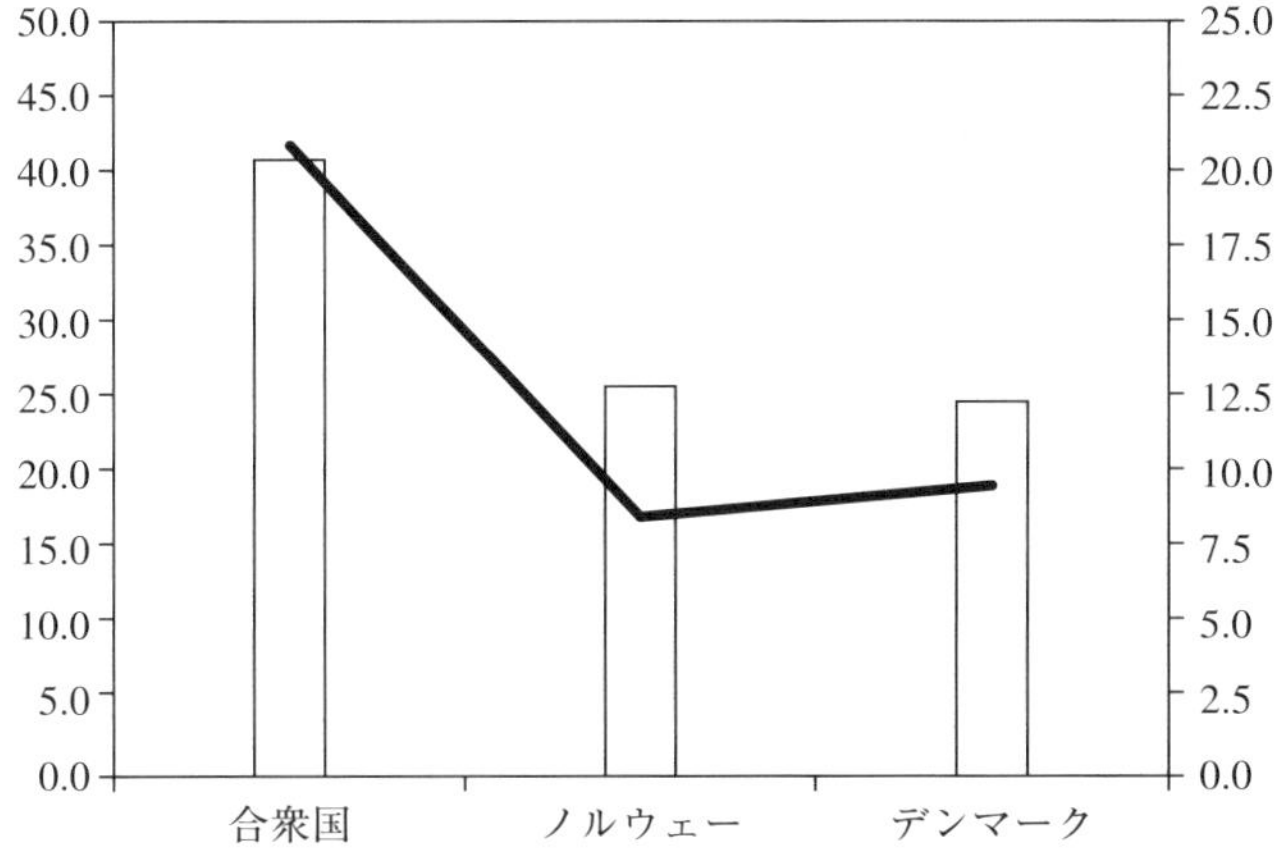

動性を失って硬直化し、ヨーロッパ型の階級に基礎をおいた社会に変質する危機に直面しつつある」。

多くの研究がこれまでに明らかにしてきたように、収入や富の不平等は、それ以外の不平等を生み出しやすい。(5)『エコノミスト』誌の記事は、たとえば教育の領域において、「上方の地位に上昇する流動性が、今日ますます競争によって決定される傾向が強まっており」、貧しい子どもがとくに不利な状況に置かれるなど、「教育システムがますます階級によって階層化されつつある」と論じている（図６－２）。そして、ここで重要なことは、経済的不平等は政治的不平等の形成を促進するという事実である。たとえば、ラリー・バーテルズが示したように、さまざまな種類の政治的争点に関連して、アメリカの上院議員は、貧困な有権者よりも富裕な有権者の選好に対してはるかに敏感に反応するのである[6]。

こうして政治的資源の不平等が累積した場合、不吉な可能性が生じることになる。その可能性とは、政治的不平等が積み重なり、その不平等の解消が不可能な程度にまでいわば歯止めなく進行してしまう可能性である。より特権的な階層が、権力や影響力、権威に関する優越的な地位を積み重ねていくと、そうした特権を有していないアメリカ人は、たとえ数のうえでは市民の多数派を占めていたとしても、自らの前に横たわる不平等の影響を克服するために必要な努力をおこなう能力を欠き、おそらくはそうした努力をおこなう意思すら持ち合わせない存在になってしまうかもしれない。

こうした悲観的なシナリオは、つぎのような仮定が成り立つ場合、さらにいっそう現実味を増してくる。その仮定とは、大多数のアメリカ市民にとって、もともと政治活動に使うことが予定されていた時間、あるいは、ほかの活動を犠牲にすることによって政治に振り分けられる時間の総量が、過去とおよそ同じままだという仮定である。というのも、この仮定が成り立つなら、政治的闘争にともなうコストはあまりにも大きなものとなってしまう。そしてその場合、自らの特権的地位を守るために政治的行動を起こすことがより容易な、社会の上層部の人びとがもつ資源上の優越的な地位に打ち勝つために必要となる、時間その他、資源上の犠牲を喜んで払うようなアメリカ市民など、きわめて少数派だということになってしまうだろう。

市場資本主義と人間の傾向性

多くのアメリカ人は、政治的資源の不平等を縮小するために時間や労力を使うコストを非常に高いものとみなしていることは疑いないが、その理由はまさに、彼らが政治的不平等の縮小にともなう利益が低いか、あるいはまったく存在しないと考えているからにほかならない。資源配分の不平等性を是正することで得られる利益が、人びとがすぐに認識できるかたちで存在していないという事実は、政治的闘争にともなう相対的に高いコストと比較して、人びとにとってはるかに重要な事実となってしまう。要するに、闘争にともなうコストが、得られる利益を上回ってしまうのである。

こうしたアメリカ人のコストと利益に関する見方は、アメリカの文化的規範によって裏打ちされている側面が大きい。というのも、歴史のなかできわめて皮肉にも示されたように、文化に対する経済構造の影響力を重視するマルクスの見解はあまりにも過度の誇張を含んでいたといわざるをえないものの、市場資本主義的な諸組織は事実として、資本主義に対する潜在的な反対を大きく弱体化し、同時にそれへの支持を強化するような、「消費志向型」(consumerist)の文化を育成するように思われるからである。

説明しよう。

多くの研究の示すところによれば、収入面で最下層に属する人びとのあいだでは、収入と消費の増大は、疑いもなく、人間の福利(well-being)を多くの重要な意味において向上させる。しかし、多くの研究は同時にまた、ある穏当な収入レヴェルより上の層においては、収入の増加はより多くの「幸福」や人間の生活の質的充実にはつながらないという事実をも示している。（この点については、つぎの章でふたたび言及するつもりである。）だが、それならばなぜ、過去または現在のいかなる基準に照らしてみても、圧倒的に裕福であるといえる国々において、多くの人は、自らの基本的な必要が満たされてはるかのち、収入・支出・消費面での非常に「高度な」レヴェルに達してもなお、満足の上昇を感じ続けることになるのだろうか。

こうした、どこまでも政治的平等の拡大を追求する人びとが、いったい何につき動かされてそうした行動をとっているかを述べる場合、多くの哲学者は人間の理性の働きにあまりにも重きをおいた説明をおこなっている。だが、私は幅広い感情や情動が作用することを指摘した。こうした感情や情動のなかには、自分を他者と比較したとき、正当な理由もないのに、他者のほうがより良い生活をしているとわかった場合にわれわれが感じるような、羨望や不公平の感情が含まれる。もちろん、ここでいう「他者」とは、われわれ自身に深い関係を有する他者、いいかえれば、何らかの理由によって、自分に深い関係を有するとみなされる人びとのことを意味している。つまりそうした他者とは、具体的にいえば、自分に隣り合った檻に入れられたオマキザルであるとか、食事をとっている兄弟、同じ町内に住む近所の人びとや職場の上司、あるいはさらに、広告のなかに出てくる架空の人物だが、あなたが一体感を感じる人間であってさえかまわないのである。

人びとを競って消費に駆り立てるような文化や実践を強化するうえで、羨望がどれほど強力な役割を演じているかを示す例は随所に存在する。たとえば、メルセデス－ベンツ社は、「新しい二〇〇六年モデルのE三五〇型車」について語る際、わずか六つの単語を用いながら、全面広告のなかでその魅力を明確に主張している。[7]「より多くの馬力、より大きなエンジン、ますます高まる羨望」。あるいは、「より良い」地域に移り住んだ家族――『ニューヨーク・タイムズ』はこうした人びとを「移住者たち」(relos)と呼んでいるが――に関する、つぎのような記事を考えてみよう。「今日の移住者たちは、一九六〇年代にさまざまな土地に転々と移り住んだ、ホワイトカラー版開拓者たちの後継者にほかならない。つまり彼らは、今日の研究が指摘する社会のより大きな変化、すなわち、経済的な要因にもとづく社会的隔離の進行という事態のひとつの部分現象にすぎない。こうした移住者たちは、人種や宗教、出身国といった古くからの障壁を盾に、自らを他者から隔離したというよりも、年齢や家族構成、教育、そしてとくに収入などの点から自らを隔離した。年収が一〇万ドルの家庭は、三〇万ドルまでに完全に収まる範囲で宅地と家を物色するが、年収が二〇万ドルの家庭になると、五〇万ドルまでに範囲を拡大して家や土地を購入することになる[8]」。

メルセデス－ベンツの主張を言い換えると、消費志向型文化のモットーは、つぎのようになるかもしれない。「もっと多くのものを、もっと高いものを、他人が羨むようなもっと多くのものを」。こうした消費志向型文化の虜になったアメリカ人は、より上位の地位をめざして果てしなく続く社会的階梯のなかで、自分のつぎの上位にいる人びとに対する羨望につねにつき動かされ続けることになる。そして彼ら自身は、そうした心の動きを自らの向上とみなすことになる。しかも、本当の頂点に位置する極小さな集団を除けば、あるいはこうした集団の場合を含めて考えても、人間には、自分よりも一レヴェルだけ上位に位置し、羨望の対象となる集団がつねに見つかるものである。たとえば、近年、ナンタケット島〔アメリカ東海岸の高級な別荘地〕で暮らす裕福な住民のひとりに関して、つぎのような記事が掲載されている。

> 年配の金持ちは、双発式のプロペラ飛行機を所有しており、それ自体が相当に驚くべき話である。彼の時代には、それだけで十分にすごい話であった。だが、いまや彼は、自分の半分の年齢でありながら、大陸横断ができるジェット機を所有する男と話をしている。この事実だけで、二人のあいだの会話には決着がついてしまう。
>
> あるいは、あなたが誰かに会い、その人が自分のボートの話を始めたとしよう。その人は、四五フィートのボートを所有し、それに満足している。そして彼が尋ねてくる。「君はボートを持っているか」。そこであなたは「はい」と答える。すると彼は、「それはどのくらいの大きさか」と尋ねる。こうやって、人びとはお互いをランク付けするからだ。そこで私は、「それは二〇〇フィート」と言わなければならない。ここで二人の会話には決着がついてしまう。この話のなか

に、羨望の要素はあるのだろうか。そう、おそらくあるだろう。年配の人は、彼の時代においては金持ちだったのだろうか。絶対にそうであるが、今日の基準で比較してみればそうではない。過去と現在の人びとが織りなす二つの世界は、お互いにあまりにも多くのことを語らないでいる限りにおいて、なんとか共存していくことが可能なのである(9)。

消費志向の文化は、私がシティズンシップの文化と呼ぶものと比較して、はるかに大きな影響をアメリカ人の思考と行動に対して及ぼしている。アリストテレス以来、哲学者たちは、理想的な政治社会とは、市民が他者とともに「全体のための共通善」の追求を積極的におこなう社会であるとみなしてきた。いまかりに、これよりは殺風景ではあるが、より穏当な見方をとったと仮定しよう。その場合、アメリカ人は、何が自らの「共通善」を構成するかに関しては見解の不一致を示し続けるだろうが、シティズンシップの文化の影響力があれば、相当多数の市民に刺激を与え、自らの目標達成の手段として政治生活に参加することに、はるかに高い価値を見いだすよう仕向けられるだろうということが予想される。そして、より大きな政治的平等の実現に向けて、現在存在する障害のいくつかを除去することは、まさにここで人びとが追求する諸目標のなかに含まれることのように思われる。

しかし、アメリカ人が消費志向型の文化の支配のもとにとどまっている限り、こうした穏当な目標すらおよそ手のとどかないものになってしまうだろう。

規模のディレンマは非民主的な国際システムを要求する

これまで名目的には独立の民主主義国家としてやってくることのできた国々においても、政策立案者たちはしだいに規模のディレンマに直面しつつある。彼らは、自国民の利益を相当程度侵害するだけでなく、自国の国境を越えるような諸問題と直面しつつある。そうした問題は、防衛、貿易、財政、労働条件、健康、移民、貧困、飢饉、人権侵害、その他、多数に及んでいる。こうした問題と取り組むため、政策立案者たちは、自国の自律性を相当程度犠牲にしても、国際的な条約や機構、同盟、その他の組織に加入することをしばしば選択するようになる。

アメリカはたしかに大きく強力な国家ではあるが、現在の時点でも、将来にわたっても、こうした変化の影響を免れることはできないだろう。そのため、国際機構の重要性や影響力は今後も増大し続けるというのが、もっとも可能性の高い結論である。ヨーロッパ連合の場合（ここにはアメリカは属していないが）をおそらく例外として、国際機構内部の統治機構が民主的なものになることはないだろう。そのかわりに、前章で指摘したように、こうした機構は官僚制によって統治され、官界リーダーのヒエラルヒーや取引を通じて意志決定に到達するだろう。もしかりに、アメリカ政府が国際機構の統治機構に対して、その本来の活動領域内においてのみ活動するという原則を遵守させることに成功したとしても――このことは容易なことではないが――、アメリカ市民がこうした過程において果たす役割は、直接的なものであっても非常に小さなものであるか、間接的なものにとどまるだろう。

誤解を避けるために再度述べるなら、国際機構は不可避的な存在であるだけではない。規模のディレンマが意味するところによれば、しばしばそれは、アメリカ人が望む目的を達成するために望ましい存在でもある。そうだとしても、アメリカ人は、国際機構に参加することの利益を享受しようとする場合、大多数のアメリカ市民と官界・政界のリーダーたちとのあいだの政治的不平等が増大するというコストと引き替えに、その利益を実現せざるをえないのである。

テロリズム

第5章で指摘したように、民主的国家においては（そして、おそらく非民主的国家においても同様に）、危機の発生時には一般的に、重要な決定を政府の行政部のコントロールのもとに移行するような変化が好まれる。おそらく、こうした変化のうち最大のものは、戦争、あるいは最近のアメリカの経験のなかでは、劇的で被害の大きい外国からのテロリズムといった国際的危機の副産物として発生している。私の目からみれば、二〇〇一年九月一一日のテロ攻撃以降の数年間、この攻撃に対してアメリカ政府がとった一連の行動に関して、一般のアメリカ市民は、自らの賛意を示して大統領の決定に「民主的」な正統性を与えるという以上の影響力は、実質上何ら行使していないといっても決して過言ではない。市民によるコントロールの脆弱性は、イラク侵攻の決定にもっとも端的に示されている。二〇〇一年九月一一日のテロ攻撃に対応してアメリカ政府がとった一連の行動に対し、一般のアメリカ市民は、暗黙の承認を与えるという以外に、実質上何の影響力も行使していない。

くわえて、市民が選出した議会の代表者たちは、大統領が提案した行動に関して即座に形式的な支持を与えたが、この支持にいたる決定は、大統領と彼の側近の閣僚によって提供され、誤解を与えるだけでなく実は誤りであることが後に判明した情報にもとづいて下されることによって、議会の代表者たちは戦争に荷担することとなった。大統領と彼の閣僚たちが、イラクは大量破壊兵器を所有していると強硬に主張したことで、一般市民だけでなく議会も説得され、大統領の決定に対する支持を生み出す結果となった。その後、議会は大統領や側近の閣僚がおこなう決定をコントロールしようと試みたものの、それは、受動的なかたちでそれらの決定を追認する以上の効果をもたなかった。要するに、「テロに対する戦い」に関しては、大統領および行政府の他のメンバーがほとんど排他的な影響力を行使した結果、アメリカ市民相互のあいだにおける政治的平等の程度は、少なくともこの戦争という重大な問題に関する限り、著しく低いレヴェルへと後退してしまった。そして実際、この戦争という領域に関する限り、大統領の権力は、明示的に非民主的体制を採用する政体の支配者のそれに近づいたといっても決して過言ではない。

その後も、テロの脅威という口実は、従来は擁護されていた権利や自由の侵害を引き起こし、市民や非市民を監視・管理し、逮捕するシステムを構築するために、大統領と側近によって活用された。ここでもまた、議会のコントロールは大部分が大統領の決定を追認しただけの結果になった。

アメリカにおいてテロ行為が再発する場合、大統領に対してさらなる権力や影響力、権威の委譲が生じてしまう可能性がある。あるいは、すでに極小化されている議会の役割がさらに縮小してしまう可能性がある。またさらに、大統領が最高裁その他の連邦裁判所に関する任命権を行使する結果、行政府の決定に対する司法のチェックが弱体化する可能性がある。こうして、市民が重要な政府の決定に及ぼしうる直接的な影響力や、彼らが選挙された代表者に対して及ぼしうる影響力が弱まるために、政治的不平等が拡大してしまうかもしれない。そしてその結果、アメリカの政治システムは、二一世紀の初頭に民主主義が満たすべき閾値と一般に受け取られていた不平等の度合いから、はるか下の位置に落ち込んでしまうかもしれない。

権限の神話

テロ行為が権力・影響力や権威を大統領に委譲してしまう可能性は、つぎのような神話の存在によってさらに増大する。それは、「アメリカの人民」は、大統領選の勝者に対して、選挙戦中に呈示した政策を実現する「権限」を付与する、という神話である。[10] 有権者や議会のメンバーが、「アメリカの人民から権限を付与された」とする大統領の主張を受けいれてしまう限りにおいて、大統領の政策は特別の正統性を獲得する。結局のところ、多数者の意思が支配すべきではないだろうか。そしてもし、多数者が大統領に「権限」を与えたのであれば、議会が大統領の政策を採用することはまったく正しいことであり、義務ですらあるのではないだろうか。

こうした「権限」があるという大統領の主張は執拗に繰り返されているが、この主張は、実はつぎのような二つのまったく疑わしい仮説に依拠している。

・大統領には権限があるという主張（そのとおりの言葉遣いがなされていない場合もあるが）は、アンドリュー・ジャクソン〔アメリカ第七代大統領。任期一八二九～三七年〕の時代にまでさかのぼることが可能だが、一九四〇年以前になされたこうした主張は、それを裏づける科学的な意識調査が存在しないために、まったく妥当性を欠いている。選挙の結果から提供される唯一の信頼できる情報は、勝った候補と負けた候補に投じられた票の数だけである。すべての有権者を代表するような大規模な無作為抽出の科学的調査をおこなわない場合、有権者の大多数が投票をおこなう際に実際に心の奥底に抱いていた意図を、いったいどうやって知ることができるというのだろうか。一九四〇年に科学的な意識調査が導入されてからも、こうした問題は満足のいくかたちで解決されたとは言いがたい。たしかに、大規模な無作為抽出調査は、市民全体のあいだでの意見の分布状況について、相当程度に確度の高い知見を提供してくれる。しかし、かりに世論調査実施者の質問に答える前に、回答者の側が思慮深い熟慮をおこなう過程がともなわないならば、そこでの回答も単なる浅薄な反応ということになってしまう。つまりそこでの回答も、かりに有権者がより多くの情報を獲得すている場合には、有権者たちが実際にそれを支持するだろうとは必ずしもいえないものになってしまうのである。

・権限があるという主張に対しては、第二の深刻な欠点が見いだされる。第三党の候補者に投じられる票や、選挙人団が〔本来有権者から付託された候補とは違い〕気まぐれ的に選んだ候補に投じる票があるため、大統領選挙のうち三回に一回くらいは、過半数の票を獲得しない候補者が大統領に選ばれるという事態が起こってしまう。この場合もしも、第三党に投票した人びとの次善の選択を考慮に入れたと仮定すれば、敗者が勝者に替わるということが十分に起こりうる。そしてこの場合、新たな勝者は、いまや彼独自の政策を実施する権限の存在を主張することになるだろう。一九六〇年のこと、ジョン・F・ケネディは、一般投票の五〇パーセント以下しか獲得できなかったものの、「選挙終了の当日も、それ以降も毎日、彼は、国民は彼に何の権限をも与えなかったという議論を拒否し続けた。彼が言わんとしたのは、要するに、どの選挙でも勝者と敗者が生まれるということである。つまり、議会との関係では困難が生じうるものの、他者よりも一票でも上回っていれば、そのことで権限は生じるということである」[11]。二〇〇〇年には、アル・ゴアが一般有権者の四八・四一パーセントの票を獲得したのに対し、選挙人団による投票では勝利したジョージ・W・ブッシュが、四七・八九パーセントしか獲得できないということが生じた。しかも、第三党の候補者に投票した人びとの事実上半数を超える人びとが、おそらくブッシュよりもゴアを好んでいたと思われる。しかし、以上のような経緯のために、ブッシュの支持者たちは、ブッシュが独自の政策を遂行する「権限」を有していると主張することを妨げられたわけでは決してなく、たとえば相続税の廃止のようないくつかの政策について、ブッシュは不満だらけの議会を通過させることに、なんとか成功したのである(12)。

選挙によって「権限」が生まれるというのは神話であるとしても、こうした神話を信じることが、とくに危機の時代において、アメリカの大統領の権威と影響力を大きく増大させることは事実である。

第7章　不平等はなぜ減少しうるか

前章で簡単に述べたような悲観的なシナリオに沿った事態の展開は、きわめて可能性が高いと予想されるものの、いくつかの理由から、こうした未来の予想が必ずしも不可避のものといえないことを論じていきたい。

第一に、第3章で述べた、政治的平等の実現に向けた過去数世紀にわたる例外的な変化――それ以外の多様な変化についても同様であることは言うまでもないが――の示すところを考慮に入れるならば、未来の可能性に関して、多様な可能性を視野に入れた見方を維持すべきである。一七〇〇年に生きていた人、あるいは、この話に関していえば一八〇〇年や一九〇〇年でも構わないが、それら過去の時代に生きていた人びとのうちいったい何人が、二一世紀までに起きる政治的平等の拡大に向けた動きの大きさを予見することができただろうか。

第二に、すぐに簡単に再論することではあるが、社会主義の終焉は、市場資本主義が生み出す不正義を減少させることを意図した努力や政策の終焉を帰結するものでは決してない。初期の「福祉国家」的改革の直後、そしてアメリカではニューディールの直後にも、市場資本主義の弊害が継続してあらわれたことに刺激されて憂慮の念を抱いた学者その他が、われわれが直面する正当化不可能な社会的・経済的・政治的不平等を減少させるためのさらなる方策を探求することとなった。その結果、多数の思慮に満ちた提言が得られたのであり、そのうちのいくつかは表7－1に示してある。

最後に、非常に少数の人間の行為に多分に左右される、予見不可能な歴史的出来事が起きて、非常に重要な帰結が生み出される可能性がある。こうした例は、一九一四年に大公フェルディナンドが暗殺された直後に宣戦布告がおこなわれたことや、一九一七年にレーニンがスイスからサンクトペテルブルクに到着したこと、一九三二年の後半にヒトラーがドイツ首相に任命されたこと、二〇〇一年の九月一一日にテロリストがニューヨークとワシントンを攻撃したこと、そのほか多数存在する。

この最終章では、アメリカの文化や価値に関して、甚大ではあるが決してありえないわけではない変化が生じて、政治的平等という目標がいくらかでも身近なものになる可能性を探求したい(1)。とはいえ、ここで再度強調したいことは、私はこうした可能性を、数ある可能性のなかのひとつの展開にすぎないと考えていることである。むしろ、前章で描いたような方向で政治的平等は後退する可能性の

表7－1　合衆国における政治的平等を増大させるための改革

改革の種類		特色	出典
政治的平等を直接めざす改革	選挙資金改革	マケイン＝ファインゴールド法の拡大。企業・労組・個人の献金者が自らの富を用いて政治家に影響力を及ぼす能力をさらに制限する。527に及ぶ政治的組織をFEC〔Federal Election Commission：連邦レヴェルでの選挙資金規制法の執行を担う独立のエージェンシー〕に登録させ，政党と同じような寄付制限を守らせることにより拘束するルールを採用する。	A. Corrado and T. Mann, "Flap Over 527s Aside, McCain-Feingold Is Working as Planned," The Brookings Institution, May 2004.
	選挙改革	投票者／市民参加の拡大。投票用具に関する技術的な基準を設定し，さまざまな選挙システムの運用成果に関する体系的データを収集し，選挙事務のあらゆる側面に関する最善の運用を調査するための新しい非党派的機関の設立。さらに，州・地方自治体政府が自らの選挙システムのあらゆる側面（たとえば，選挙人登録リストの保守整備，投票用の器具，投票所の作業員，投票者教育など）を向上させることを援助するために連邦政府の補助金プログラムを作成する必要がある。	T. Mann, "An Agenda for Election Reform," The Brookings Institution, June 2001.
	選挙区の再編改革	選挙区の再編過程に対して，政党や在職議員が操作をおこなう可能性を減らすこと。議会を説得し，州による選挙区再編のための追加的な基準を採択させること。裁判所がゲリマンダリング的な再編。	T. Mann, "Redistricting Reform," The National Voter, June 2005
	選挙区の再編改革	案を違憲だと確信するようし向けること。州が立法府の管轄地域割りをおこなう過程を変更させること。独立で	

改革の種類		特色	出典
		政党色のない選挙区再編委員会を創設すること。	
政治的平等を間接的にめざす改革（経済的・社会的平等を増進させることにより）	普遍的な医療保険保障	国民健康保険プログラムを構築することにより，国民全体の医療保険保障を実現すること。雇用主は，少なくとも既存国民保険の保障強化パッケージ（enhanced Medicare benefits package）程度に支払いの良いプランに従業員を自動的に加入させるか，さもなければ，給与総額に応じた適当な額を従業員に給付することにより，従業員自身が新設された付加的国民保険（Medicare Plus）に加入することを手助けすること。職業をもたず，州によって保険に加入させられていない個人については，収入にもとづいた保険料を支払って，個別に保険に加入する選択肢が与えられること。	J. Hacker, “Medicare Plus Proposal: A Plan for Universal Health Care Coverage.” こうした国民保険拡大提案の詳細は，以下のサイトに掲載。pantheon. yale. edu. /~jhacker.
	貧しい人びとのあいだに貯蓄を増やすためのプログラム	2001年に施行された預金者税金還付プログラム（Saver's Credit Program）を拡張または恒久化することにより，定年退職に対する備えが十分でない危険がもっとも高い家庭のあいだに貯蓄を増やすこと。預金者還付をおこなえば，定年退職に備えた貯蓄（たとえば個人退職口座IRAなど）に自発的に預金する個人に対して，現金への換金不可能な税金還付権を与えるというかたちで，政府から預金額に見合った資金援助（この金額は，より収入が少ない家計に対してより大きいものとなる）が提供されることになる。	W. Gale, J. M. Iwry, and P. Orszag, “The Saver's Credit: Expanding Retirement Savings for Middle- and Lower-Income Americans,” Retirement Security Project, March 2005.
	最低賃金の上昇，低	低賃金の労働者層のあいだで所得を増やし，正規雇用の	I. Sawhill, and A. Ho-

所得者に対する所得税還付金（EITC）の増額，子育てに対する補助金の増額	労働を奨励するような，政府のプログラムを拡大すること。	mas, "A Hand Up for the Bottom Third: Toward a New Agenda for Low-Income Working Families," The Brookings Institution, May 2001.
高等教育をより多くの人に利用可能なものにすること	中産階級の家庭のために，大学通学に関連する税還付制度や税減免制度を創設すること。	A. Gore, 2000 Presidential Debates, St. Louise, October 17, 2000

註：この表の作成に関しては，ステファン・カプランの助力を受けた。

ほうが、より可能性として高い。だが、こうした希望のない未来は決して必然的なものとはいえないのである。

より希望に満ちたシナリオを探求するに際して、私はテロが起きる危険は今後数十年のあいだ継続するとの想定に立っているが、テロがもたらす脅威は今日、われわれが耐えることを学ぶよりほかにない継続的危険のひとつとみなされるようになってきた。つまりテロは、以下にみるような、人間が日々直面する、生命に対する数多くの脅威のなかの一種に位置づけられることになる。たとえば、年間四三万五〇〇〇人の死はタバコに起因し、八万五〇〇〇人の死はアルコールに、二万六〇〇〇人の死は自動車事故に、二万九〇〇〇人の死は銃に、二万人の死は殺人にそれぞれ起因する、などといった具合にである。すべての死がもつ悲劇的性格が極小のものになることでもない限り、タバコや肥満、アルコール、エイズ、麻薬その他に対する「戦い」が通常宣言されるのと同様に、テロに対する「戦い」が日常生活のなかで提起される可能性が生じてくる。実際、こうした方向への変化を初期段階で示した兆候としては、二〇〇五年七月に生じた、ブッシュ政権のメンバー間における言葉遣いの変化の事例をあげることができる。すなわち、そこでは、「テロに対する戦い」という言葉を「暴力的な過激主義に対する世界大の闘争」と言い換えるという変化が生じたからである[2]。

われわれは方法をもっている。われわれは意志をもっているのか

表7－1で示した提言は、アメリカ市民のあいだに存在する受けいれがたいまでに大きな政治的不平等を減少させるかもしれない。

この表が示すように、もしかりに採用された場合には、政治的平等という目標に近づくのを手助けしてくれるような政策は多数存在する。そこで問題となるのは、方法の問題ではない。われわれは方法をもっている。われわれアメリカ人に欠けているのは、こうした政策を実行する意志にほかならな

い。

　このことは、私が希望をもつ第三の理由につながっている。われわれがもっている消費崇拝の態度や、消費者の利益が今後も増大し続けることへの関心などに対抗して、先進資本主義が反乱の態度を醸成するということは、決してありえないことではない。より多くの人びとにとって、消費者としての満足という目標の実現よりも、市民参加という目標のほうが重要になっていくこともありうる。そうなれば、現在支配的な消費志向の文化も、ほかのさまざまな目標に加えてアメリカ人相互の政治的平等の拡大をも促進することが予想される、シティズンシップの文化というものに道を譲るかもしれない。

消費志向からシティズンシップへ

　これまでに述べたことは、現実の前に失望に終わることが運命づけられた、ユートピア的な夢のさらなる一例なのだろうか。つまりそれは、一九世紀および二〇世紀の大部分の時期を通じて、市場資本主義が、平和裏にせよ暴力によってにせよ、社会主義体制に置きかえられると信じた社会主義者その他の人びとの夢と同様なものなのだろうか。というのも、社会主義体制のもとでは、所有権や生産・分配手段の統制に関する「私的」形態は、何らかのかたちの「集合的」あるいは「社会的」所有や統制に置きかえられ、資本主義が全体として生み出す不平等は、より高いレヴェルでの経済的・社会的・政治的平等の実現に置きかえられるからである。第5章で指摘したように、二〇世紀の世紀末を迎えるはるか以前に、こうした夢は大部分消え失せてしまった。なぜならば、市場資本主義を社会主義によって置きかえようとするあらゆる試みは、経済的にだけでなく、民主主義的な観点から判断して、政治的にも惨憺たる失敗に終わってしまったという厳しい現実に、ますます多くの人びとが気づきはじめたからである。トロツキーの有名な言葉を彼自身に対して適用してみれば、市場資本主義を廃棄しようとする社会主義の綱領は、歴史のゴミ箱のなかに投げ捨てられてしまったのである。

消費志向の文化がシティズンシップの文化に道を譲るかもしれないという私の見通しもまた、これと同じような免れられない運命をたどるのだろうか。いくつかの経験は、それほど性急にこの見通しを撤回すべきではないことを示唆している。

社会主義の成功は、市場資本主義の失敗に依存していた。消費志向からシティズンシップへの文化の転回は、市場資本主義の失敗によってではなく、その成功のゆえに生じる可能性が大きい。マルクスは、「資本主義の諸矛盾」が意識、文化、社会、政治、経済の革命的変化をもたらすと予言した。しかし、資本主義は彼の筋書きを拒否したのである。

資本主義の本当の矛盾は、つぎのような点にある。すなわち、資本主義は、資本主義的企業の生産物をつねにより多く消費しようとする人間の強い欲求を満足させることに成功するが、その成功こそが、人間がもっているまた別のより強い欲求と矛盾するのである。こうした欲求とは、幸福を求める欲求、あるいはそう呼びたければ、福利（well-being）の感覚といってもよいであろう。多くの研究が示すところでは、ひとたび人びとが穏当なレヴェルの消費を達成すれば、それ以上の収入や消費の増加があっても、人間の福利の感覚や幸福の増大を生み出すことはない。豊かな国においては、ますます多くの人びとが、こうした人間性の基本的な側面を経験するようになってきているために、彼らは、達成感を感じるためのより満足のいく形態を模索することになる。アメリカのように豊かな国では、つねに拡大を続ける資本主義の財やサーヴィスの生産に対して時間や労力・金銭を費やすよりも、何らかのかたちで政治に参加するほうがより得るところが多いという事実に、多くの人が気づきはじめている可能性がある。そうなれば、シティズンシップを強調する文化は、われわれの支配的な文化の中心的部分を占めている、消費志向の喜びに対する過度の強調を少しずつ脇に追いやるかもしれない。別の言い方でいえば、より多くのアメリカ人が、どん欲な消費者から活発な市民へと進化を遂げる可能性が存在する。

ＧＮＰは何を測定するか――そしてしないか

現在支配的な消費志向の文化は、消費者の満足こそが経済的な前進と進歩の評価基準になるという、非常に影響力のある知的見解によって自らの正統性を強化し続けてきた。説明しよう。

新古典派の経済理論は、市場資本主義というシステムの効率性に関する、強力で、しばしば有用であり、時に論理的に美しい説明を提供した。簡単にいえば、この理論的モデルにおいては、独立の企業が自由な市場のなかで、財やサーヴィスに転換するための土地、労働力、資本などを求めて競争をおこない、こんどはその財やサーヴィスを消費者に対して競争的市場のなかで販売することになる。独占や寡占、非公正な取引慣行その他のモデルからの逸脱という厄介な問題を無視するとして、ここでは、競争的市場資本主義の成果を測定する際に消費者が果たしている中心的役割に対して注意を喚起したい。財やサーヴィスの「価値」は、それが「消費者の選好を満足する」局面でもつ価値を意味している。「経済的効率」は、生産に際して用いられる財やサーヴィスの「コスト」と、市場に向けて生み出される産出物の「価値」とのあいだの比率によって測定される。そしてそこでは、投入や産出は競争的市場のなかでの価格によって測定がおこなわれる。

したがって、一国の国民総生産（ＧＮＰ）は、市場価格によって計られた、消費者に向けた生産物の総体の総合計を示している。一国の一人あたりのＧＮＰは、単にＧＮＰを一国の人口で割ったものである。もしわれわれが、理論的モデルが設定する制約条件のもとに厳密にとどまるなら、一人あたりのＧＮＰが高いほど、一国の市民のあいだでの「消費者としての満足」の程度はより高いことになる。消費者としての満足度が高いということは、その国の人びとがより裕福なことを示している。したがって、一国の一人あたりGNPがしだいに増加する場合、その増加の度合いが大きいほど、その国の人びとはより裕福なことになる。同様に、もしもアメリカ人の一人あたり収入がスイス人やオーストラリア人に比べてより高いなら、アメリカ人はスイス人やオーストラリア人に比べてより裕福なことになる。

だが、この結論は、単なる循環論法的な理由づけにすぎないか、そうでなければ誤ったものである。もしも、「裕福である」ということが、定義上、消費者が消費のための財やサーヴィスをより多くもっていることを意味するのなら、この理由づけは単なる循環論法にすぎない。より裕福であることは、消費のための財やサーヴィスをより多くもっていることとイコールであり、そのことは、より裕福であることとイコールだからである。しかし、もしわれわれが、生活の質は単なる消費以上のものに依存していると考え、「生活の質」という概念を、観察や測定に依存しつつ経験的に語られるべき表現だと解釈すれば、ここで述べたことは明らかに誤りということになる。

生活の質

「生活の質」という概念は、いくつかの方法によって評価することが可能である。ある種の尺度は、健康、雇用、家庭生活、その他に関する指標を組み合わせるものであり、それを「客観的」尺度と呼ぶことができる。他方、「主観的」と呼びうる尺度は、一定の人びとの下す判断にもとづいたものであり、ここでは、無作為抽出によって人びとが選出され、面接者がその人たちの福利の感覚や生活の質に関して質問をおこなうことになる。多くの国でおこなわれた多数の研究は、つぎの結論を支持している。

・ある人の収入が、相対的にみれば低いレヴェルに設定されているが、それを満たすことが生を維持していくうえで必須であるような閾値の水準を下回っている場合、収入の増加は、この人の生活の質の大きな改善を帰結する可能性が高い。この事実を、「生活の質の閾値」と呼ぶことにしたい。

・その結果、適切な資源を、生活の質の閾値以下の人びとに対して割り当てることは、平均値で考えれば、客観的・主観的両方の尺度で測ったその人びとの生活を大きく改善することになるだろう。

・しかし、多数の先進国における人びとの平均的収入は、生活の質の閾値を大きく上回っている(図7-1)。生活の質の閾値以下に位置する人びととはおよそ対照的に、この閾値以上に位置する人の大多数の生活の質は、収入の上昇や消費の拡大にともなって向上したりなどしない。したがって、先進国における人びとの個人的な収入の大きな増加は、その人びとの生活の質に関する満足度の上昇につながらなかったように思われる。たとえば、彼ら自身の評価による限り、人び

図7－1　生活の質の閾値以上を十分に達成した高収入の国々（2005年，『エコノミスト』誌，世界の生活の質調査）左側のドル数字は，米ドル表示の1人あたり平均GDPを示す。右側の数字は，生活の質得点を示す（実線で示されている）

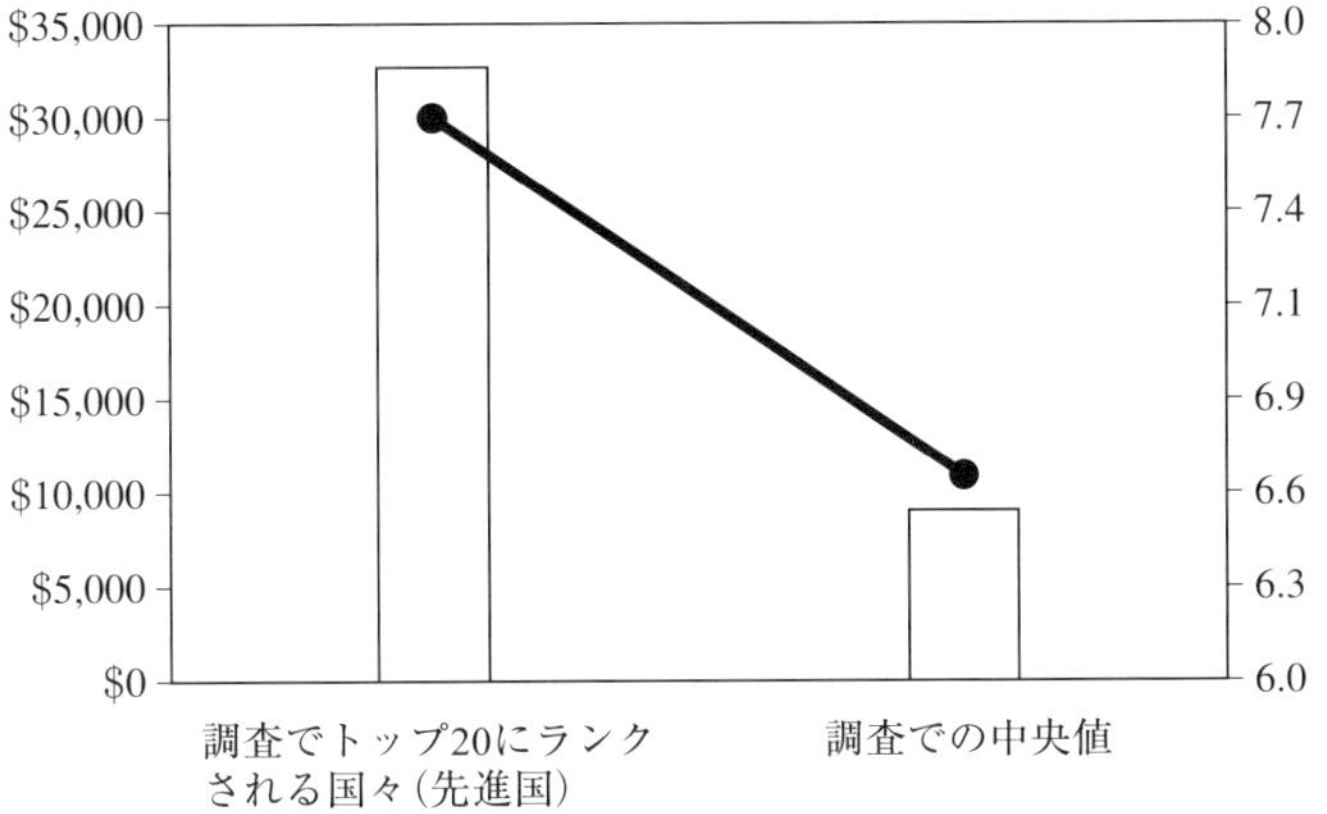

とは以前と比べてより幸福になどなっていないのである。ある記者は、『ウォール・ストリート・ジャーナル』につぎのように書いている。「第二次世界大戦以降、アメリカにおける一人あたりの国内総生産（GDP）は三倍になったが、生活の満足度（たとえば『全体としてみて、あなたは自分の生活にどの程度満足ですか』といったような質問をおこなう調査によって測定される）はほとんど変化がない。日本においても同様に、一九五八年以降、一人あたりGDPの途方もない上昇がみられたが、国民的な幸福度の測定値は不変のままである。同じことは、西ヨーロッパの多くの国についても妥当する」[3]。

一人あたりのGDPを増加させることによって、幸福や生活満足度の上昇を生み出そうとする試みの失敗例は、もっとも高いレヴェルにある国々のあいだでの比較からも浮かび上がる。一人あたりのGNPはより高いレヴェルにあるにもかかわらず、客観的指標で測ったアメリカ国民の生活の質は、ほかの多くの先進民主主義諸国の国民の場合よりも高いものだとは言いがたい。それどころか実は、いくつかの指標によれば、他国よりも低くなってしまっている。多数の国の生活満足度に関する調査を引用した研究によれば、「主要な要因は収入であるものの、……その他の要因も重要である。たとえば、健康、自由、失業、家族生活、気候、政治的安定と安全、性的平等、家族と共同体の生活などである」。これらの特質に基礎を置いた尺度を適用することによって、この研究は一〇〇カ国以上の国をランク付けした。何ら驚くにあたらないことだが、もっとも裕福な国々がリストの上位を占めた。しかし、裕福な国々のなかでは、アメリカ合衆国は一三番目にランク付けられ、アイルランド、スイス、ノルウェー、スウェーデン、その他八カ国に後れをとった（表7－2）(4)。

「より高い収入、イコールより大きな幸福」とする等式の大きな誤りは、地位に関する不安がもつ自己破壊的な役割にある。多くのアメリカ人は、この等式を、「より高い収入、イコールより高いレヴェルでの目立つ消費、イコールより高い地位、イコールより大きな幸福」という意味に解釈している。しかし、相当な数におよぶ研究は、この等式もまた誤りであることを示している。より高い地位に達するための序列には、無限とはいえないにしても、数えきれないくらい多数の段階があり、その

表 **7－2**　2005年，世界の生活の質指標

	生活の質		1人あたり GDP	
	得点	順位	米ドル（購買力換算）	順位
アイルランド	8.333	1	$36,790	4
スイス	8.068	2	$33,580	7
ノルウェー	8.051	3	$39,590	3
ルクセンブルク	8.015	4	$54,690	1
スウェーデン	7.937	5	$30,590	19
オーストラリア	7.925	6	$31,010	14
アイスランド	7.911	7	$33,560	8
イタリア	7.810	8	$27,960	23
デンマーク	7.796	9	$32,490	10
スペイン	7.727	10	$25,370	24
シンガポール	7.719	11	$32,530	9
フィンランド	7.618	12	$29,650	20
アメリカ合衆国	7.615	13	$41,529	2
カナダ	7.599	14	$34,150	5
ニュージーランド	7.436	15	$25,110	25
オランダ	7.433	16	$30,920	15
日本	7.392	17	$30,750	16
香港	7.347	18	$31,660	11
ポルトガル	7.307	19	$19,530	31
オーストリア	7.268	20	$31,420	12

出典: The Economist, *Pocket World in Figures, 2005 Edition*（London: Profile Books, 2005）, 30.

各段は、ひとつ前の段階よりもより高いところに位置している。ある人が一段高いところに上れば、その人はすぐにより上を見上げ、人目を引くくらいより多くの収入、富、地位をもつ人びとを視野に入れるようになる。

こうした命題を支持する説得力ある証拠が存在することを前提とすれば、ますます多くのアメリカ人が、われわれがずっと以前にすでに越えてしまった最小限の閾値以上の領域においては、「お金では幸福を買うことはできない」という古い格言に同意するようになるという事態も、十分にありうることであり、むしろ可能性が高いことのようにさえ思われる。

しかし、もし金銭で幸福を買うことができないとすれば、アメリカ人はいったいどこで自らの人生の満足を見いだすことになるのだろうか。現在支配的なアメリカ文化は、市場資本主義によって供給される財やサーヴィスの果てしない隊列を前に、その消費を無限に増加させることによって、人びとがいかに多くのものを得ることが予想されるかを非常に強調するが、アメリカ人がこうした文化のあり方に疑問を呈しはじめるなどということはないのだろうか。あるいは、より多くのアメリカ人が、他者と協力して行動することから得られる満足感を発見し、アメリカ人自身だけでなく、アメリカ国境の外に住んでいる何百万もの人びとの生活の質を現実に向上させるような解決策を発見し、採用するようになるということはないのだろうか。かくして、消費志向の文化が、シティズンシップの文化に道を譲るということはないのだろうか。

支配的文化に抗する初期的な運動

これらの問題を考えるうえでは、主として特権的な階層の出身である若いアメリカ人が、自らの親や祖先の生活のなかで非常に重視されたと思われるような、文化や諸価値に対して抵抗を試みる運動について、その初期的な運動のいくつかの興亡を考察することが有益である。合衆国で一九六〇年代と一九七〇年代に展開されたこうした運動のうちの二つは、裕福な若年層のうちごく少数の者だけを引きつけただけですぐに衰退し、支配的な消費志向型の文化をそのままに放置したか、強化さえしたかもしれない。

対抗文化

こうした運動のひとつは「対抗文化」であり、それはつぎのように記述される。「一九六〇年代に人気を博した、主流派の価値観や行動に対するさまざまな代替物であり、幻覚を起こすドラッグの試用や、共同生活、地方への回帰、アジア的宗教、実験的芸術などを含んでいる」[5]。そこでは、しばしば「ヒップスター」または「ヒッピー」と呼ばれ、主として中・上流の社会経済的階層の出身である若者たちが、資本主義、労働、収入、社会的成功といった自らを取り巻く文化に対して反旗を翻した。そして彼らは、そのかわりに、支配的な価値基準に照らして判断すれば、しばしば快楽主義と道楽を極限にまで追求したような生活様式を選択したのである。対抗文化のいくつかの側面は、支配的な文化で受けいれられているようなものとはまったく対照的な形態の消費に専念することとして理解できる。対抗文化のメンバーにとっては、彼らが欲する消費財とは、セックス、ドラッグ、レジャー、そして時にはコミューンのなかで、また時にはサンフランシスコのヘイト・アシュベリーのような地域で、同様の目標を追求する他者と仲間でいられることなどなのである。

対抗文化の若いメンバーの多くは、市場資本主義のなかに認められる不正に対して反乱を試みるというよりも、むしろ単にそれらに無関心なだけであった。そして彼らは、自らの仲間うちに属さないすべての他者のことを顧みることがおよそないまま、自分自身の快楽を追求することを選択した。こうした観点からみれば、対抗文化とは、利己的な消費者行動の典型とみなすことができるかもしれない。というのも、こうした観点から理解した対抗文化においては、消費者の満足を勝ちとることこそが、まさに市場資本主義（たとえ、彼らの市場のうち重要なもののいくつかは非合法なものであるとしても）が提供する諸成果の尺度となっているからである。

しかし、対抗文化のなかにいる人びとの多くにとっては、自らの直接的な満足の追求は、完全に納得のいく結果をもたらさず、時には自己破壊的なものでさえあった。そして、対抗文化が若者のあいだで人気を失っていくにしたがって、市場資本主義の構造や支配的な消費志向型の文化、アメリカ政治や公共政策の現状、さらには広範な社会・経済・政治的不平等の持続などに関して、対抗文化が残した変化は、ほとんどあるいは一切存在しないという状況にいたった。

とはいえ、対抗文化は、たしかにひとつの事実を明らかにした。それは、支配的な文化から利益を得ることに関してもっとも有力な地位にいる人びとが、支配的な文化を拒絶し、自らが心底求める必要や欲望をより十分に満たしてくれると信じられる代替的文化を探求するなどということが起こりうる、という事実である。

平和的で革命的な変化

ここで議論の目的により深く関係するのは、アメリカ社会におけるより特権的な階層出身の若い人びとのあいだで生じた、平和的な革命を起こす試みである。この革命は、これら若者のみるところ、アメリカ人のあいだに多大の不正な不平等をもたらしてきた諸システムを、はるかに民主主義的で平等主義的な経済的・社会的・政治的組織に置きかえようとするものである。

こうした試みのなかでもっとも著名なものは、民主社会をめざす学生同盟（ＳＤＳ）と自称した政治的運動である。一九六二年にＳＤＳによって公表された「ポートヒューロン宣言」のなかに含まれている、「ある一世代のための議題」と題された文章は、より正義に合致し民主主義的な社会に向けた、平和的な変化のための一連の提言としていまなお検討に値する。(6) その著者である、前カリフォルニア州上院議員であるトム・ハイデンや、ゲイリー・ウィルズ、E・J・ディオン、その他、後にアメリカの公的・知的社会で有名になった人びとは、自らが貧しい階級ではなく、特権的階級の出身であることを述べることから議論を開始した。「われわれはこの世代の人間であるが」、こう宣言は始まる。「少なくとも適当な心地よさのなかで育ち、現在では大学に収容されているが、われわれが受け継いだ世界を居心地の悪さを感じながら眺めている」。

およそ五〇ページの宣言のなかで、起草者たちは、現存するアメリカ社会や政治に関する詳細な批判を展開し、将来に向けた一連の提言を提示した。提言の精神は、彼らのつぎのような判断を反映していた。「孤独、疎遠さ、孤立という言葉が、今日、人間と人間とのあいだに見いだされる大きな距離感を表現する。……社会的なシステムとして、われわれは個人が参加するデモクラシーの確立をめざしている。……しかしわれわれは、人びとを遠隔操作する経済の影響下に置かれており、この経済は多数の個別『単位』——すなわち人民——を、労働・報酬・機会の性格や組織に影響を及ぼす基本的な決定から排除している」。

現存するアメリカの政治的・経済的システムとは対照的に、政治と経済は何らかの形態の「参加民主主義」によって運営されるべきだ、と宣言は主張する。たとえば、「単なる政府の『規制』は、かりにその目的を達成した場合にも、労働者の経営上の決定に対する参加なしには不適切なものになってしまうであろう」。ポートヒューロン宣言は、何が「参加民主主義」にともなうのかに関して完全な像を示していないが、多くのSDSの支持者たちは、それをアメリカの生活の病理的な部分に対する包括的な解決策であると解釈した。階統制的な権威にもとづくシステムと、さらに相当程度までは代議制デモクラシーまでもが、メンバーによって直接統治される組織によって置きかえられるべきだとされた。そうした組織とは、コミューンや消費者協同組合、労働者に所有され管理された企業、生徒（そしておそらくホワイトおよびブルーカラーの労働者）が教師や職員などと対等に参加する合議体によって統治される教育制度などにおよんでいる。

参加民主主義という解決策は、すでに権力や影響力、権威をともなった地位を得ていた人びとの強い抵抗にあっただけではない。それは、すでに述べた政治的平等に対する強固な障害にも直面した。そうした障害のなかで、二つのものがとくにここでの議論に関連をもっている。その二つとは、参加に必要な時間面でのコストと、すべてのメンバーの合議体によって直接統治されることを許容するような、実現可能性のあるシステムの規模に関する制約とである。変化の動因として参加民主主義は傑出した性格をもつと認められていたが、おそらく、その傑出性は、しだいに運動が収束に向かうことにも大きく貢献したのである。

消費志向からシティズンシップへ

対抗文化のメンバーやSDSその他の人びとによって、一九六〇年代に模索された革命は失敗に終わったものの、そうした革命が富裕さや物質的豊かさの時代のなかに出現したという事実は、より多くのアメリカ人が、自らの人間性の基本的な側面に関して自覚的になれる可能性を有している証拠を提供する。つまり、彼らの生活の質や幸福、充足感、福利は、経済が豊富に提供してくれる財やサーヴィスの消費が持続的に増大するのにともなって、上昇していくようには思われないのである。「われわれは祖父母の代よりはるかに裕福である」、こう多くのアメリカ人は結論するだろう。「だがわれわれはより幸福なのだろうか」。

ますます多くのアメリカ人がこの結論に到達するにしたがって、彼らはほかの途を探すことになるかもしれない。多くの人は、自らの生活の質が、市民的な行為によって向上されうるということを発見するかもしれない。市民的行為に参加する活動家はすぐに、デモクラシーの基本的な前提であり希望でもある政治的平等が、アメリカの政治的・経済的・社会的な生活の現実のなかで、確実に拒絶されていることに——もしかりに彼らがまだ気づいていなかったとしても——気づくだろう。

アメリカ人のあいだで政治的不平等を減少させるための方法が多数存在することを理解するにしたがって、アメリカ人は自国の政治生活のなかに、そこに大いに欠落しているものを持ち込もうとするだろう。それは、こうした平等化のための諸政策を確実に採用させるため時間や労力を使うことに、人びとがより強く関与することである。

ほかのすべての国家の場合と同様に、完全な政治的平等は永遠にアメリカ市民の手のとどかないところに存在し続けることは疑いない。自らの努力や行動・業績をはかる際に基準として用いられるほかの倫理的目的や目標の場合と同様に、市民のあいだに完全な政治的平等を実現しようとすることは、われわれの人間としての能力の限界を超えたところに基準を設定することを意味している。

しかし、より多くのアメリカ人が、競争的な消費志向の文化に固有の空虚さや、活発で精力的なシティズンシップがもたらす利益や刺激を発見すれば、彼らはアメリカ合衆国を、この遠くとらえどころのない目標に相当程度近づける動きを開始するかもしれない。

註記

第1章　序　論

（1）　とくにつぎを参照。Robert A. Dahl, *Democracy and Its Critics*（New Haven: Yale University Press, 1989）, 30–33, 83–134; *On Democracy*（New Haven: Yale University Press, 1998）, Chs. 4–7: 35–80〔ロバート・A・ダール／中村孝文訳『デモクラシーとは何か』岩波書店、二〇〇一年〕; *How Democratic Is the American Constitution?*（New Haven: Yale University Press, 2001）, 130–139〔杉田敦訳『アメリカ憲法は民主的か』岩波書店、二〇〇三年〕.

第2章　政治的平等は適切な目標か

（1）　この点を含むいくつかの点において、私はつぎの著作に依拠している。Stanley I. Benn, "Egalitarianism and the Equal Consideration of Interests," in J. R. Pennock and J. W. Chapman, *Equality (Nomos IX)*（New York: Atherton Press, 1967）, 61–78.

（2）　James Surowiecki, *The Wisdom of Crowds*（New York: Doubleday, 2004）〔ジェームズ・スロウィッキー／小高尚子訳『「みんなの意見」は案外正しい』角川書店、二〇〇六年〕は、その議論を、優れた科学者フランシス・ガルトンについての解説から始めている。「ガルトンにとって、教育は重要であった。なぜなら彼は、社会を健全に保つために必要な特質をもつ人びとはわずかであると考えたからである。彼はその人生の多くを、これらの特質を測定すること、そして人びとの多くがこれをもたないことを証明するために費やしてきた。……〔一八八四年の万国博覧会場を（ダール註）〕歩いていたとき、ガルトンは重さ当てコンテストに出くわした。太った雄牛が選ばれて展示台にのせられており、集まった人びとがその重さを当てる賭けをおこなっていた。八〇〇人の人が運を試した。さまざまな人びとがいた」。コンテストが終わった後、ガルトンは人びとがおこなった推測について、一連の統計的調査をおこなったところ、参加者がおこなった推測の中央値は一一九七ポンドであった。実際の重さは一一九八ポンドであった。後にガルトンは書いている。「この結果は、予想される以上に、民主的な判断の信頼性を示すように思われる」（*ibid.*, xii-xiii）。これに続けて著者は、適切な機会を与えられれば集団は分別ある決定に到達することができる、という彼の考えを支える多くの証拠を提示している。

（3）Max Weber, *The Theory of Social and Economic Organization*, trans. A. M. Henderson and Talcott Parsons (New York: Oxford University Press, 1947), 328–329〔マックス・ウェーバー／安藤英治ほか訳『経済と社会』全六巻、創文社、一九六〇〜七六年〕.

（4）Bernard Manin, *The Principles of Representative Government* (New York: Cambridge University Press, 1997) を参照。

（5）「ある人数の人がひとつの共同体ないしは統治体をつくることに同意した場合、彼らはそれによっていまや結合し、ひとつの政治体を構成するのであり、そこでは多数派が行為し残りの人びとを拘束する権利をもつ」(Peter Laslett, ed., *Locke's Two Treatises of Civil Government*, 2d ed., Cambridge: Cambridge University Press, 1970, 349〔ジョン・ロック／加藤節訳『統治二論』岩波文庫、二〇〇七年〕)。批判的分析としてもっとも大きな影響を及ぼしてきたのは、ケネス・アローによるものであろう。彼は多数決における解決不能な循環の可能性について、つぎの著書において証明をおこなっている。Kenneth J. Arrow, *Social Choice and Individual Values* (New Haven: Yale University

Press), 19〔ケネス・J・アロー／長名寛明訳『社会的選択と個人的評価』日本経済新聞社、一九七七年〕. 多数決制の擁護としては、以下を参照。Ian Shapiro, "Three Fallacies Concerning Minorities, Majorities, and Democratic Politics," in *Democracy's Place*（Ithaca: Cornell University Press, 1996）, 16–52.

（6） Rogers M. Smith, *Civic Ideals, Conflicting Visions of Citizenship in U.S. History*（New Haven: Yale University Press, 1997）, 130–131.

（7） 一七九〇年に最初の国勢調査がおこなわれたとき、合衆国の三九〇万人の人口のうち、黒人は七五万七〇〇〇人であり、そのうち六九万八〇〇〇人が奴隷であった。北部諸州では、総人口が二〇〇万人弱、黒人は六万七〇〇〇人であり、そのうち四万人が奴隷であった。*Historical Statistics of the United States, Colonial Times to 1957*（Washington, D. C., 1960）, 12–13（Series A 123–180）, 9n.2（Series A 59070）.

（8） その例外は彼の情婦であった奴隷、サリー・ヘミングスとのあいだに生まれた子どもたち、および彼女の異母兄弟たちである。この点には論争があるが、つぎの研究はトマス・ジェファーソンがヘミングスの子どもたちの父親であったことの有力な状況証拠をあげている。Annette Gordon-Reed, *Thomas Jefferson and Sally Hemings, An American Controversy*（Charlottesville and London: University of Virginia Press, 1997）。「証拠の要約」については、同書の以下の箇所を参照。*Ibid*., 210ff. and Appendix B, "The Memoirs of Madison Hemings," 245ff. またＤＮＡテストが、決定的ではないがさらなる状況証拠を提供していることについては、以下を参照。Dinitia Smith and Nicholas Wade, "DNA Test Finds Evidence of Jefferson Child by Slave," *New York Times*, November 1, 1998.

（9） Henry Reeve, trans., vol. 1（New York: Schocken Books, 1961）, lxxxi〔アレクシス・ド・トクヴィル／松本礼二訳『アメリカのデモクラシー』第一巻（上）（下）、第二巻（上）（下）、岩波文庫、二〇〇五〜二〇〇八年〕.

（10） これらの推計は以下による。Adrian Karatnycky, "The 1999 Freedom House Survey: A Century of Progress," *Journal of Democracy* 11, no. 1（January 2000）: 187–200; Robert A. Dahl, *Democracy and Its Critics*（New Haven: Yale University Press, 1989), 240, table 17.2; and Tatu Vanhanen, *The Emergence of Democracy, A Comparative Study of 119 States, 1850–1879* (Helsinki: The Finnish Academy of Sciences and Letters, 1984): 120, table 22.

(11) ここで提示したものとは別の、しかし完全に両立する定式化として、マイケル・ウォルツァーの「解放」と「エンパワーメント」のモデルがある。Michael Walzer, *Politics and Passion, Toward a More Egalitarian Liberalism* (New Haven: Yale University Press, 2004), 21–43〔マイケル・ウォルツァー/齊藤純一・谷澤正嗣・和田泰一訳『政治と情念——より平等なリベラリズムへ』風行社、二〇〇六年〕.

(12) James Scott, *Domination and the Arts of Resistance* (New Haven: Yale University Press, 1990), 117.

(13) 多くの植民地において、財産の獲得が容易であり、投票権の基準となる財産所有資格の要件が比較的緩やかに設定されたため、白人男性のかなりの部分が投票をおこなうことができた。不確実な推計ではあるが、一三の植民地のうちの少なくとも一〇では、白人の成年男子の五〇パーセント以上が地方および植民地の立法部の選挙において投票できた。また七つの植民地、ニュー・ハンプシャー、マサチューセッツ、コネティカット、ニューヨーク、ペンシルヴェニア、サウス・カロライナ、ジョージアでは、その比率は八〇パーセントに達していた可能性がある。この推計については、以下による。Chilton Williamson, *American Suffrage from Property to Democracy, 1760–1860* (Princeton: Princeton University Press, 1960), 3–19. ある推計によれば、イギリスにおいては、議会選挙で投票権を持つのは、二〇歳以上の人口の約五パーセント、すなわち二〇歳以上の男性の人口の約一〇パーセントであった。一八三二年の選挙法改正によって、その比率はそれぞれ、七・一パーセント、一四・二パーセントに増加した。Dolf Sternberger and Bernhard Vogel, *Die Wahl der Parlamente*, vol. 1 (Berlin: Walter de Gruyter, 1969), 632, table 1.

第3章　政治的平等は達成することが可能か

(1) マイケル・ウォルツァーは、説得力をもってこの点を指摘している (Michael Walzer, *Politics and Passion*, 111–

130）〔マイケル・ウォルツァー／齊藤純一・谷澤正嗣・和田泰一訳『政治と情念――より平等なリベラリズムへ』風行社、二〇〇六年〕。彼によれば「情熱的な激しさと、ある種の関心づけられないしは原理づけられた合理性を対比し、『熱』と『光』とを対比する二分法は、政治的思考に広く行きわたっている。したがって、単に、それらが役に立たない、それらが現実の政治的参画の体験に対応物をもたない、というだけで十分かもしれない。……権力と富の階層的支配に立ち向かう政党や、平等、民族解放、解放、エンパワーメントを求める運動はどれも、それらが支配秩序の下部に位置する人びと連帯や闘争の情念を喚起することなしには決して成功しないであろう。それが喚起する情念は、たしかに羨望、憤慨、嫌悪を含むであろう。なぜなら階層的支配は通常、これらを生み出すからである。……しかし不正義への怒りと連帯の意識もまた、階層的支配に対抗する政治において喚起される情念のうちに含まれるのである」（*ibid.*, 130）。

（2） David Hume, *Treatise of Human Nature (1739–40)*（Oxford: Oxford University Press, 2000), 415〔デイヴィド・ヒューム／大槻春彦訳『人生論』全四巻、岩波文庫、一九四八〜一九五二年〕.

（3） Immanuel Kant, *Groundwork of the Metaphysics of Morals*, translated and analyzed by H. J. Paton（New York: Harper Torchbooks, 1956), 66〔イマヌエル・カント／坂部恵・平田俊博・伊古田理訳『実践理性批判・人倫の形而上学の基礎づけ』（カント全集7）岩波書店、二〇〇〇年〕. また、後におこなう引用は、*ibid.*, 57 からのものである。

（4） 私は、これが人間本性の理解を根本的に欠いており、カント自身があるいは正常な人間的感情を欠いていたのではなかろうかという思いをもっている。

（5） John Rawls, *A Theory of Justice*（Cambridge, MA: Harvard University Press, 1971)〔ジョン・ロールズ／矢島鈞次監訳『正義論』紀伊國屋書店、一九七九年〕.

（6） たとえば多くの優れた学者が寄稿した論文集として、つぎのものがある。Norman Daniels, ed., *Reading Rawls, Critical Studies of a Theory of Justice*（New York: Basic Books, n.d. [1975]).

（7） *Ibid*., 46.

（8） *Ibid*., 11.

（9） *Ibid*., 60–61.

第4章　尊重すべき感情の役割

（1） さらに、私のつぎの論考を参照。Robert A. Dahl, "Reflections on Human Nature and Politics: From Genes to Political Institutions," in *The Art of Political Leadership*, ed. L. Berman（Lanham: Rowman and Littlefield, 2006）.

（2） Sarah F. Brosnan and Frans B. M. De Waal, "Monkeys Reject Unequal Pay," *Nature* 425（September 18, 2003）: 297–299.

（3） Nicholas Wade, "Genetic Basis to Fairness, Study Hints," *New York Times*, September 18, 2003.

（4） Antonio R. Damasio, *Descartes' Error, Emotion, Reason, and the Human Brain*（New York: Avon Books, 1994）〔アントニオ・R・ダマシオ／田中三彦訳『生存する脳――心と脳と身体の神秘』講談社、二〇〇〇年〕.

（5） *Ibid*., 108–109.

（6） Frans De Waal, *Good Natured, The Origins of Right and Wrong in Humans and Other Animals*（Cambridge, MA: Harvard University Press, 1996）, 40ff〔フランス・ドゥ・ヴァール／西田利貞・藤井留美訳『利己的なサル、他人を思いやるサル――モラルはなぜ生まれたのか』草思社、一九九八年〕.

（7） Joseph Hamburger, *James Mill and the Art of Revolution*（New Haven: Yale University Press, 1963）, 23–24.

（8） ロバート・A・カロによる詳細な説明を見よ。Robert A. Caro, *The Years of Lyndon Johnson, Master of the Senate*（New York: Alfred A. Knopf, 2002）, 685–1014. ジョンソンの人種に関する複雑な見解については、第31章 "The Compassion of Lyndon Johnson," 711–739 で記述されている。

（9）カロの著作は、一九六四年、ジョンソンの副大統領職への選挙で終わっているので、ここでは推測に頼らざるをえない。

（10）Pankaj Mishra, "India: The Neglected Majority Wins!" *New York Review*, August 12, 2004, 30–37.

（11）「ホモ・サピエンス・サピエンスの遺伝的継承は、七〇〇万年間にもわたって展開してきたが、チンパンジーやコビトチンパンジーとの共通の祖先からわれわれを分かち、狩猟採集者としての能力を身につけさせた。人間は狩猟と戦闘において相互に協力するが、協力は近親者の集団内で生じる。人間の進化においては、見知らぬ人びとに関する限り、注意深さや不信感が優位を占めた。しかし、現代の人間は見知らぬ人との仕事の共有やきわめて精巧な分業に従事している、つまり、同種ではあるが遺伝子的には無関係なメンバーと、ということである。他の動物（ハチなど）はグループのメンバーのなかで複雑な分業をおこなうが、仕事は一族の範囲内でおこなわれる。異なる動物の種のあいだでの協力もまたきわめてよく見られるが、それはあまり驚くようなことではない。異なる種のメンバーは一般に食物をめぐって互いに競合することはなく、また生殖相手をめぐって競合することもないからである。一族の外で、かつ同じ種のなかでの精巧な協力は、人間に限られる」。*The Economist*（August 14, 2004）: 69.

第5章　政治的平等、人間本性、社会

（1）一九五七年公民権法の通過に影響を与えるために、民主党の同じく南部出身の上院議員の反対に対して用いられた彼の手腕に関する優れた記述として、つぎを参照。A. Caro, *The Master of the Senate*（New York: Alfred A. Knopf, 2002）, 944–989, 1004–1005. 後にジョンソンは、大統領としても、一九六四年と一九六五年の公民権法の通過を確実なものとするためにその手腕を用いた。

（2）とくに以下を参照。Gaetano Mosca, *The Ruling Class*（Elementi di Scienza Politica）, ed. and rev. Arthur Livingston（New York: McGraw-Hill, 1939）〔ガエターノ・モスカ／志水速雄訳『支配する階級』ダイヤモンド社、一九七三

年〕; and C. Wright Mills, *The Power Elite*（New York: Oxford University Press, 1956）〔ライト・ミルズ／鵜飼信成・綿貫譲治訳『パワー・エリート』上下（UP選書）、東京大学出版会、一九六九年〕。批判的見解については、私の論考を参照。Robert A. Dahl, "A Critique of the Ruling Elite Model?" *American Political Science Review* 52, no. 2（June 1958）: 462–469.

（3） Mogens Herman Hansen, *The Athenian Democracy in the Age of Demosthenes: Structure, Principles and Ideology*（translated by J. A. Crook, Oxford: Blackwell, 1991）, 130.

（4） この方法により、ヴァーモントでニュー・イングランドのタウン・ミーティングを続けることが可能となった。ヴァーモントのタウン・ミーティングは、比較的高いレヴェルでデモクラシーを実践するという要請に応えているように思われる。Frank M. Bryan, *Real Democracy: The New England Town Meeting and How It Works*（Chicago: University of Chicago Press, 2004）.

（5） 以下で私は、つぎに依拠している。Robert A. Dahl, *On Democracy*, 109ff.〔ロバート・A・ダール／中村孝文訳『デモクラシーとは何か』岩波書店、二〇〇一年〕; and "A Democratic Dilemma: System Effectiveness Versus Citizen Participation," *Political Science Quarterly*（1994）: 23–34.

（6） 私の知る限り、「市場社会主義」の理論は一九三〇年代まで発展していなかった。有力な論考としてはつぎのものがある。Oscar Lange, "On the Economic Theory of Socialism," in *On the Economic Theory of Socialism*, ed. Benjamin E. Lippincott（Minneapolis: The University of Minnesota Press, 1938）: 90–98〔オスカー・ランゲほか著／土屋清訳『計画経済理論』中央公論社、一九四二年〕.

（7） Charles E. Lindblom, *The Market System, What It Is, How It Works, and What to Make of It*（New Haven: Yale University Press, 2001）.

（8） 以下の私の論考を参照。Robert A. Dahl, "Can International Organizations Be Democratic? A Skeptic's View," in *De-*

mocracy's Edges, ed. Ian Shapiro and Casiano Hacker-Gordon (Cambridge: Cambridge University Press, 1999): 19–36; and "Is Postnational Democracy Possible?" in *Nation, Federalism, and Democracy: The EU, Italy, and the American Federal Experience*, ed. Sergio Fabbrini (Bologna: Editrice Compositori), 35–46. Republished as "Is International Democracy Possible? A Critical View," in *Democracy and Federalism in the European Union and the United States, Exploring Post-National Governance*, ed. Sergio Fabbrini (London: Routledge, 2005), 194–204.

(9) つぎを参照。Robert A. Dahl and Charles Lindblom, *Politics, Economics, and Welfare* (New York: Harper and Bros., 1953)〔ロバート・A・ダール、チャールズ・E・リンドブロム著／磯部浩一訳『政治・経済・厚生』東洋経済新報社、一九六一年〕.

第6章　アメリカにおける政治的不平等は増大するか

(1) マイケル・コペッジの助力により、表6－1の尺度スコアを提供してもらった。ここで扱ったすべての国家は代表制と普通選挙権を採用していたので、これらは余計なものとして尺度からは除去してある。

(2) 尺度スコアの基礎となったカテゴリーの全体は、附録に示してある。

(3) アメリカにおける政治的不平等を促進する要因の簡潔な要約については、以下を参照。*American Political Science Association Task Force on Inequality and American Democracy, American Democracy in an Age of Rising Inequality* (Washington, D. C.: American Political Science Association, 2004).

(4) *The Economist* (January 1, 2005): 22–24.

(5)『ニューヨーク・タイムズ』誌（二〇〇五年五月一二日～二〇〇五年六月一二日）に掲載された、一〇部構成のシリーズ、「問題化する階級」を参照。

(6) Larry M. Bartels, "Economic Inequality and Political Representation," unpublished manuscript, 2005 (http://www.prince-

ton.edu/7 Ebartels/economic.pdf).

(7) *New York Times*, May 27, 2005, A9.

(8) *New York Times*, June 1, 2005, A12.

(9) "Old Nantucket Warily Meets the New," *New York Times*, June 5, 2005, 16.

(10) 以下の私の著作を参照。Robert A. Dahl, "Myth of the Presidential Mandate," *Political Science Quarterly* 105, no. 3 (Fall 1990): 355–372; さらに、Stanley Kelley, Jr., *Interpreting Elections* (Princeton: Princeton University Press, 1983) を参照。

(11) この描写は、ケネディの補佐官であり腹心でもある、テオドア・ソレンセンの言葉を引きつつ、ウィリアム・サファイアが以下の著作でおこなったものである。William Safire, *Safire's Political Dictionary* (New York: Random House, 1978), 398.

(12) その著作、Michael J. Graetz and Ian Shapiro, *Death by a Thousand Cuts: The Fight over Taxing Inherited Wealth* (Princeton: Princeton University Press, 2005) のなかで、マイケル・グラーツとイアン・シャピローは、注意深く以下の過程を再構成する作業をおこなっている。すなわち、その過程とは、ジョージ・ブッシュ率いる、「相続税」の廃止を求める大統領側の連合が、しだいに民主党側の反対勢力を凌駕して、議会内や公の場で十分な勢力を獲得し、相続財産に課せられる既存の税の廃止が決定される過程である。

第7章　不平等はなぜ減少しうるか

(1) 私は、こうした可能性に関する自らの考えに刺激や影響を与えてもらった点で、ロバート・E・レインに多くの恩を受けている。直接的にこの問題に関連するのは、彼の以下の著作である。Robert E. Lane, *The Loss of Happiness in Market Democracies* (New Haven: Yale University Press, 2000). くわえて、私は、彼が長年にわたって幸福という主題に関しておこなった広範な研究と著作や、われわれが同僚および友人としてこの主題に関しておこなった数々の会話からも多くのものを得てきた。

（2）"New Name for 'War on Terror' Reflects Wider U. S. Campaign," *New York Times*, July 26, 2005, A7.

（3）Sharon Begley, *Wall Street Journal*（August 23, 2004）.

（4）The Economist Intelligence Unit, "The World in 2005," http:www.economist.com.

（5）*Merriam-Webster's Collegiate Dictionary*, 9th ed.

（6）この団体が目指した平和的な変革という方向性は、暴力を主張しこの組織を一九六九年に去った、ウェザーメン（the Weathermen）という一派によって否定されることとなった。

訳者あとがき

本書は、Robert A. Dahl, *On Political Equality*（New Haven & London: Yale University Press, 2006）の翻訳である。

著者ダールは一九一五年生まれ、一九四〇年にイェール大学で博士号を取得後、一九四六年から一九八六年までイェール大学政治学部教授を務め、現在、同大学名誉教授の地位にある。この間、一九六六〜六七年には世界最大の政治学会である「アメリカ政治学会」の会長を務めるなど、単にアメリカ政治学にとどまらず、現代政治学全体のなかでももっとも有名な研究者であるといっても過言ではない。

ダールに関しては、その主要著作の大半が翻訳されるなど、すでに日本の読者にも広く知られており、彼の政治学の全体像に関しても多数の紹介がおこなわれている。また近年、ダール自身がみずからの議論を体系的に集めた論文集『デモクラシーに向けて』や、彼の親しい同僚・友人からのコメント集『権力・不平等・民主政治』が刊行されるなど[1]、ダール本人とその周囲からの「ダール政治学」総括の動きも顕著である。そこで、ダール政治学の全体的な評価はこれらの著作に譲ることとし、以下では、とくに本書の議論に内容を限定して、その特色を考えてみたい。具体的には、本書の内容に関して、ここで三つの視角からの読解の可能性を提示することで、本書に対する読者の新たな興味を喚起したい。

第一に、本書の議論に対しては、ダール政治学の中心概念を成す平等論・民主主義論の連続性という観点から、きわめて興味深い読み方が可能である。すなわち、すでに日本の読者にも広く知られているように、政治的平等やデモクラシーという本書の主題自体、ダール政治学にとって決して目新しいものではない。むしろ、平等や民主主義、とりわけ権力の分散によって特徴づけられる特殊アメリカ的な多元主義的民主主義の考察は、ダールの終始一貫した中心的課題であり続けてきた。ダール自身の政治的平等やデモクラシーに対する不断の関心は、彼の各時期の代表作が端的に物語っている。たとえば、こうした関心は、マディソンらの思想史的伝統に多元主義の基礎を探った『民主主義理論の基礎』や、アメリカのコミュニティ政治の実証的観察から多元主義の可能性を示した『統治するのはだれか』など[2]、初期の代表作でもすでに明示されている。さらに、多元的民主制成立の諸条件を国際比較によって明らかにした中期の代表作『ポリアーキー』や、ダール政治学の集大成といえる後期の大著『デモクラシーとその論敵』でも、[3]同様の民主主義的関心は一貫している。

このように、ダール政治学の一貫した関心が、平等と民主主義に関する思想と実証の両面を通じた総合的考察にあったことが明確である以上、本書に接してまず関心を持たざるをえないのは、ダール政治学の連続性と変化の二つの側面にほかならない。そして、この点に関していえば、われわれは本書の随所において、ダール政治学の連続性の側面にまず気づかされる。たとえば、ダール自身が明言しているように、本書においては、彼自身の過去の著作から多数の引用がおこなわれているが、このことは彼の議論の連続性を示すひとつの根拠である。さらに、本書のなかでは、「ポリアーキー」概念のように、ダール政治学に特有の政治学的概念も積極的に活用されている。あるいは、本書における議論の実質的な内容に着目しても、政治参加や公的異議申し立ての可能性、さらには政治的単位の規模を重視するというダールの姿勢は、初期以来のダール政治学の変わらぬ特色として広く知られているところである。

以上のように、本書に対する第一の読み方は、いまや現代政治学の共有財産と化しつつあるダールの平等論・民主主義論のエッセンスをきわめて簡潔に提示し、それを今日のアメリカ社会の分析に応用した集大成的著作としてそれに接することである。だがこれに対し、本書に対しては第二に、むしろこれとは逆の方向から、新たに興味深い読み方を提案することもまた可能である。それは、本書におけるダールの議論の連続性よりも、むしろ変化と差異の側面に注目する読み方である。

本書のなかで、ダールの論調の変化を感じさせる部分はいくつかあるが、もっとも重要な変化は、とくに本書の前半から中盤部分でみられるように、平等や民主主義の実現に際して文化や人間性が果たす役割に対して、これまでになく多くの紙幅を割いていることである。もちろん、こうした議論はこれまでの著作にもまったく皆無だったわけではない。だが、本書のようにそれを議論の大きな柱のひとつに据えることは、ダールの場合比較的まれであったように思われる。

それではこうしたダールの論調の変化は、なぜ生じたのだろうか。この問いに対する回答はいくつか考えられるが、ここで着目したいのは、本書の構想に少なからぬ影響を与えたと考えられる、一九九〇年代後半以降のアメリカの政治学界、とくにそこでの政治哲学者たちの動向である。すなわち、本書でダールが扱った政治的人間性や文化の問題に対応する議論は、現代政治哲学の文脈に置きかえれば、シティズンシップの問題として広く論じられている問題にほかならない。つまり、今日シティズンシップの名のもとに論じられる議論の多くが、デモクラシーにふさわしい人間のあり方やその育成の問題である以上、こうした議論は本書の内容と大きな重なりをもっている。

この点できわめて興味深いのは、本書の随所には、こうした新しいシティズンシップ論の流れからの強い影響が確認できることである。たとえば、本書の第2章では、かつて長年イェール大学で教鞭を執り、ダールの同僚であった政治哲学者ロジャー・スミスの著書『市民の理念』(4)が引用されているが、この著作はこうしたシティズンシップ論の新展開を代表する著作のひとつである。あるいは、ダールが本書冒頭の「謝辞」で明示的に感謝の念を捧げ、原書の裏表紙にも推薦文を寄せているハーヴァード大学のジェニファー・ホッフスチャイルドも、『アメリカン・ドリームと向き合って』[5]などで知られる、シティズンシップ論の重要論客のひとりである。さらに、こうしたシティズンシップ論との関係で、忘れてはならないのがブルース・アッカーマンの存在である。というのも、現代アメリカを代表する政治哲学・法哲学者であるアッカーマンは、長年ダールと同じイェール大学に所属しているが、彼が出版した二巻本の大著『われわれ人民たち』[6]こそはまさに、こうした近年のシティズンシップ論の到達点を示すものとして広く知られているからである。

このように、本書でダールが政治的人間という新たな視角を持ち込むことになった背景には、彼の周囲にいたこれら代表的なシティズンシップ理論家からの、強い知的刺激と問いかけが影響を及ぼしていたことはおそらく疑いない。それだけに、本書の議論をきっかけに、それら専門的な著作をひもといて、それをダールの議論を比較することなどは、本書の味わいを倍加させる読み方と言えるのではないだろうか。

以上、本書に対する二つの読み方を提言してきたが、最後に第三の読み方として、本書を日本の政治的平等化への手がかりとして活用する読み方の可能性を考えてみたい。本書は、これまでの簡単な紹介から明らかなように、第一義的にはアメリカの政治的状況を念頭に書かれており、日本への具体的な言及を含んでいない。とくに、本書の末尾部分に示された、ダールの政治的平等化に向けた具体的シナリオ論などには、本書の特殊アメリカ的な性格が色濃く反映されている。というのも、ここでダールは、今後、政治的平等化が進みうる可能性を示す根拠のひとつとして、とくにアメリカで一九六〇年代に一世を風靡した対抗文化運動の存在をあげているからである。

こうした本書のシナリオを前にして、一般的な日本の読者たるわれわれの第一印象としては、その内容を額面どおり今日の日本での平等化へのシナリオと読み替えることに、一定程度の違和感を抱かずにはいられないだろう。なぜならば、日本ではそもそも、一九六〇年代という政治的平等化へのより楽観的な見通しが支配した時期においても、アメリカの対抗文化運動と対比できるような、平等化への具体的な運動や言説が台頭したという事実はない。さらに、アメリカの内部に話を限っても、ダールが示したような対抗文化への高い期待を今日なお維持している者は、この運動のたどった末路を考えるとき、必ずしも多数派とはいえないからである。

しかしながら、ここでわれわれに求められているのは、本書が示す平等化へのシナリオを、対抗文化というきわめて具体化された運動だけに限定することなく、むしろより抽象的な指針や戦略を示したものとして理解する、柔軟な政治的想像力ではないだろうか。その点でとくに留意すべきは、ダールが、こうした対抗文化への関心を語る直前に、むしろこの具体的な運動が奉仕するより一般的な目標として、現代社会に支配的な「生活の質」の見直しの必要性を力説している点である。いいかえれば、ダールの平等化に向けた戦略は、決して対抗文化というひとつの具体的運動だけに収斂するものではなく、それは生のあり方の再考察をともなったより広範な運動全体を含む幅広いものだといえるのである。

このようにダールの議論をより幅広い視野でとらえれば、彼の議論は、日本や世界各国で台頭しつつある平等化への言説や運動とも十分に接点をもっている。たとえば、今日、日本や世界の政治哲学では、ロールズ以降の規範的正議論が強い関心を生んでいるが、そこでの議論、とりわけその一方の雄であるアマルティア・センの潜在能力《ケイパビリティ》アプローチなどは、この生活の質の見直しという視点を明確に含んだ言説といえる。あるいは、日本においても近年、ジェンダーや環境などをめぐる政治的運動が盛んであるが、これらの新しい政治的運動の中心的主張はまさに、これまでの生のあり方を根本的に見直すことにより、真に平等な社会を生み出すことにほかならない。おそらく、日本において政治的平等の問題に思いをめぐらす者も、ひとたびこうしたより広い視野から本書を眺めれば、無数のヒントや示唆を随所からくみ取ることが可能になるだろう。その意味で、九〇歳を越えたダールが、なお驚嘆に値する明晰な文章とバランス感覚をもって仕上げた本書は、むしろわれわれ読者の側の政治的想像力の豊かさを問うている著作だともいえるのではないだろうか。

＊

最後に、本書の翻訳に際してお世話になった方々への感謝の言葉をもって拙文を閉じることをお許しいただきたい。

まず、法政大学の杉田敦教授には、本書を訳すきっかけをつくっていただいたことに関して、心より御礼を申し上げたい。杉田教授は、法政大学出版局が訳者を探しているとの情報を承け、私を候補者としてご推薦くださった。つぎに、武蔵野大学の中村孝文教授に対しても感謝の念を捧げたい。中村教授は、ダールの近年の著作『デモクラシーとは何か』（岩波書店、二〇〇一年）の翻訳者として知られているが、この著作は本書の内容と重なる部分も多く、われわれも翻訳作業の過程でその御翻訳を参照させていただいた。この点に関して、中村教授にお手紙を差し上げたところ、訳文参照に関してご快諾をいただいた。さらに、内向きの謝辞で恐縮であるが、共訳者の辻康夫、早川誠両氏に心より御礼を申し上げたい。両氏にはご多忙のなか、本書の共訳をご快諾いただいたばかりか、つねに私よりもはるかに早く正確な訳文を仕上げることで、まとめ役としての私の頼りなさを補ってくださった。

なお、本書の翻訳作業は、当初三人で担当部分を決めて訳文を作成し、その後に全体の調整や統一を図る形で進められた。参考までに、三人が当初担当した部分は以下のとおりである。辻：第1〜3章、早川：第4、5章、飯田：はしがき、謝辞、第6、7章。訳語の最終的な調整や索引づくりは私がおこなったので、本書に残る訳文の未熟さなどはすべて私の責任である。

法政大学出版局の勝康裕氏に対して、心から最大の御礼を申し上げたい。勝氏には本書の企画立案から最終校正や索引づくりまでの全段階において、本づくりに不慣れなわれわれの作業に対して、つねに暖かい助言と叱咤激励の言葉をいただいた。良い本がつくりたい、という勝氏の熱い情熱がなければ、本書が世に出ることはなかったであろう。

二〇〇九年四月一七日

訳者を代表して　飯田　文雄

（1）Robert A. Dahl, *Toward Democracy: A Journey: Reflections, 1940–1997*, 2 vols（Berkeley: Institute of Governmental Studies Press, University of California, Berkeley, 1997）; Ian Shapiro and Grant Reeher（eds.）, *Power, Inequality, and Democratic Politics: Essays in Honor of Robert A. Dahl*（Boulder, CO: Westview Press, 1988）.

（2）Robert A. Dahl, *A Preface to Democratic Theory*（Chicago: University of Chicago Press, 1956）; *Who Governs?: Democracy and Power in an American City*（New Haven & London: Yale University Press, 1961）.

（3）Robert A. Dahl, *Polyarchy: Participation and Opposition*（New Haven & London: Yale University Press, 1971）; *Democracy and Its Critics*（New Haven & London: Yale University Press, 1989）.

（4）Rogers M. Smith, *Civic Ideas: Conflicting Visions of Citizenship in U.S. History*（New Haven & London: Yale University Press, 1997）.

（5）Jennifer L. Hochschild, *Facing Up to the American Dream: Race, Class, and the Soul of the Nation*（Princeton, NJ:

Princeton University Press, 1995).

(6) Bruce Ackerman, *We the People*, 2 vols (Cambridge, MA: Belknap Press of Harvard University Press, 1991, 1998).

索　引

インド India　70
——におけるデモクラシー　30
カースト制　29, 30, 52
ウィルズ，ゲイリー Wills, Gary　128
ウェザーメン過激集団 Weathermen radical group　143n(6)
ウェーバー，マックス Weber, Max　11
ウルグアイ Uruguay　92
影響力 influence
——の配分　62
エリートの——　62, 96
経済的——　97, 101
決定に対する——　60, 61, 62–64, 68, 86, 103, 104, 105
社会の下位階層の——　30–31
政府に対する——　64–65
選挙における——　60, 68
大統領の——　105, 108
不平等な——　64, 73, 96
エゴイズム egoism　46, 48
『エコノミスト』誌 *The Economist*　94, 95
王の神聖な権利 divine right of kings　27
オーストラリア Australia　24
オマキザル capuchin monkeys　41–43, 44, 98
オランダ Holland　24

［カ　行］

階級に基礎を置いた社会 class-based societies　23, 52, 95　→「労働者階級」の項も見よ
外交問題 foreign affairs　78, 81, 82, 102
価格システム price system　76
革命 revolution　30, 49
寡頭政 oligarchy　20, 49
ガルトン，フランシス Galton, Francis　133n(2)
監視 surveillance　104
感性と感情 feeling and emotions　34, 35–36, 42, 54
共感 empathy　34, 41, 46–48, 51
共鳴・同情 sympathy　34, 41, 47, 48
資源としての——　54–55
社会的な——　43
羨望・嫉妬 envy　34, 35, 41, 44, 98–101, 122, 124, 137n(1)
人間理性の——からの分離　44–45
カント，イマヌエル Kant, Immanuel　34, 36, 38, 39, 137n(4)
官僚制 bureaucracies　54, 80, 102
議会 Congress　81, 104
——のための選挙　69–70
危機における役割　105
大統領の政策と——　105–106
機会の平等 equality of opportunity　39
貴族院 House of Lords　26
教育 education　95, 129
共産主義 communism　71
強制 coercion　15
行政システム administrative systems　53
行政府 executive branch　103–105
競争 competition
教育における——　95
市場　79, 118
選挙における——　52
共同生活・コミューン communal living/communes　125, 126, 129
協力・協調 cooperation　46, 53, 139n(11)
ギリシャ Greece　→「アテネと古代ギリシャ」の項を見よ
グローバル経済 global economy　79
軍事問題 military affairs　81
経験的現実 empirical reality　20
経験的理論 empirical theory　10, 11
経済 economy
グローバル——　79

──の規制　74
国家によって運営される──　72
非市場型の──　71
経済協力開発機構 Organization for Economic Cooperation and Development（OECD）　90, 91
経済構造 economic structures　97
経済的エリート economic elites　27–28
経済的権利 economic rights　22–23
経済的効率 economic efficiency　118
経済的平等 economic equality　116
経済的不平等 economic inequality　95–96, 110, 127
経済理論 economic theory　118
結社と組織 associations and organizations
──の複雑性　53
大規模な──　16
結社の自由 freedom of association　89
決定 decision-making　44
経済的な──　71–72
──における労働者の参加　128–129
──に対する影響力　60–61, 62, 63–65, 68, 86
──に対するコントロールの欠如　76
──のコストと便益　78
──のためのヒエラルキー　76
──の分権化　72
国際システムによる──　74–76
国際的な──　78–79
市民の──に対する影響力　92, 103–104, 105
集団　7, 75, 77, 134 n(2)
選挙された代表による──　66, 67, 71
取引を通じた──　76
ケネディ，ジョン Kennedy, John F.　107
権威主義体制 authoritarian regimes　8, 83, 90, 92
言語 language　46–47, 48
現状 status quo　40, 41
憲法 constitution(s)
権限　18
修正　20
州の──　22
権力の集中 centralization of power　72
権力の腐敗 corruption of power　8
言論の自由 freedom of speech　15–16, 20
ゴア，アル Gore, Al　108
公共／共通善 public/common good concept　8, 60, 61, 101
公共政策 public policies　8, 12, 68
──におけるデモスの参加　12, 13
──に向けた議題のコントロール　12, 13, 68
公職者の責任と──　15, 68
国際関係と──　102
市民の政治的影響力と──　103–104
争点に関する知識　12, 13, 14, 60–61, 68
公的決定 public decisions　→「決定」の項を見よ
幸福 happiness　37, 98, 116–117, 121, 122, 124, 130
公平性・公正 fairness　35
選挙における──　15, 17, 20, 52, 89, 155
羨望と──　41, 42–43, 44, 98, 137n(1)
国王 monarchs　27
国際企業 international business firms　79
国際機構 international organizations　102–103
国際通貨基金 International Monetary Fund（IMF）　75, 79
国際同盟 international alliances　102

国際連合 United Nations（UN） 75
国際労働機関 International Labor Organization（ILO） 75
国内総生産 Gross Domestic Product（GDP）
1人あたりの―― 121
国民総生産 Gross National Product（GNP） 117–119
1人あたりの―― 87, 118–119
雇用 employment 73

［サ 行］
最高裁判所 Supreme Court 105
財産 property 30, 136n(13)
財とサーヴィス goods and services
――の価値 118
――のコスト 118
――の生産 71, 72, 116, 118
――の入手可能性 118–119
――の配分 70–71
市場資本主義のもとでの―― 124
死 death 47
ジェファーソン，トマス Jefferson, Thomas 22, 135n(8)
「自己」"self" 41
仕事場の条件 workplace conditions 73
自己利益 self-interest 49
市場経済 market economies 58, 70–74, 82
国際的な―― 79
産出と投入の測定 118
――における競争 79, 118
――の規制 72–74, 79
資本主義的な―― 74, 97–101, 110, 115–116, 118, 124, 126–127
社会主義的な―― 140n(6)
自由な―― 118
非合法な―― 126
市場の規制 regulation of markets 72, 74
自尊心 self-esteem 73
失業 unemployment 73
シティズンシップ・市民権 citizenship
――の拡大 4, 63
――の権利と自由 39, 67
――の否定 8
――の文化 101, 115, 116–117, 124
消費志向型の文化と―― 115–117, 130–131
政治参加 15
支配的階層 dominant strata →「社会のエリート／特権階層」の項を見よ
司法部 judiciary 20, 105
資本主義 capitalism 97, 115, 116, 117
市場 71–72, 73–74, 97–101, 110, 115–116, 118, 124, 126–127
――の文化 125–126
市民 citizens
――の政治参加 60–61, 115, 117
――の政治的影響力 86, 103–104, 105
→「デモス」の項も見よ
市民的活動 civic activism 130
市民的権利・公民権 civil rights 39, 41
行政権に影響された―― 104
――運動 54
→「アフリカ系アメリカ人」の項も見よ
市民的自由 civil liberties 91
市民的無秩序 civil disorder 30
社会経済的プロセス sociopolitical processes 76
『社会契約論』*Social Contract*（ルソー） 14
社会主義 socialism 71, 74, 110, 116, 140n(6)
社会的エリート social elites 27–28
社会的地位 social standing 23
社会的知性 social intelligence 45

54–55, 82–83
——の減少　5, 110, 131
——のレヴェル　85–86
政治的野心 political ambition　51, 62
政治文化 political culture　48, 78, 81, 97
政党 political parties　16, 71, 89, 137n (1)
正統な支配 legitimate authority concept 11, 30
生得的 対 後天的議論 nature *versus* nurture argument　44, 45
世界銀行 World Bank　75, 77, 79
世界貿易機関 World Trade Organization（WTO）　77, 79
世界保健機関 World Health Organization（WHO）　75
絶対的権力 absolute power concept　8
絶対的理性 abstract reason concept 44–45
1957年の公民権法 Civil Rights Act of *1957*　50, 61, 88, 139n(1)
1964年の公民権法 Civil Rights Act of *1964*　51, 61, 88, 139n(1)
1965年の投票権法 Voting Rights Act of *1965*　26, 50
選挙 elections　95, 121–122
自由で公平な——　15, 17, 20, 52, 89, 155
人民の——　15
第三党の候補者　107–108
選挙権 suffrage　21, 136n(13)
アフリカ系アメリカ人の——　26, 52
イギリスにおける——　136n(13)
改革　50
植民地アメリカにおける——　30–31
女性の——　24, 26
——の拡大　41, 49, 52
男性の普遍的な——　24
普遍的な——　26, 50
民主的諸国における——　31
労働者階級の——　26
→「投票」の項も見よ
選挙された公職者 elected officials　15
選挙された代表 elected representatives
政治的危機に際する権力の喪失 81–82
——に対する権限の委任　66
——による平等な投票　59
——の機会主義　61
——の説明責任　68
民主的国家における——　69, 70
有権者とのコミュニケーション　69
選挙人団 electoral college　107
先住アメリカ人 Native Americans　22, 26
専制 tyranny　20
戦争 war　81, 82, 103
全体主義体制 totalitarian regimes　28, 72, 92
1832年の選挙法改正 Reform Act of *1832*　49, 50
1832年の選挙法改正 Great Reform of *1832*　136n(13)
ソヴィエト連邦共和国 Soviet Union（USSR）　28, 91
相続税 inheritance tax　108, 142n(12)

［タ　行］
第一次世界大戦 World War I　110
対抗文化 Counterculture　125–127, 130
大統領 president
人民からの権限の委譲という神話 105–108
政治的危機の時期における権力の簒奪　81–82, 103–105, 108
第二回大陸会議 Second Continental Congress　21
第二次世界大戦 Second World War 24

大量破壊兵器 weapons of mass destruction 104
ダーウィン主義 Darwinism 46, 48
タウン・ミーティング town meetings 65, 68, 140n(4)
多元主義 pluralism 80
多数決 majority rule 14, 17, 19–20, 105, 134n(5)
ダマシオ，アントニオ Damasio, Antonio 44, 45
地位 status 23, 73, 122, 124
チャーチル，ウィンストン Churchill, Winston 61, 62
中国 China 28
直感 intuition 47
チリ Chile 92
ディオン，E. J. Dionne, E. J. 128
デモクラシーの過程 democratic process 12
デモス demos 11–12
すべてのメンバーの――への包摂 17
――によって公共政策に加えられる変化 12
――の権力に加えられる制約 17–18
――の公共政策への参加 12, 13
――の政治的権利の望ましさに関する信念 20
テロに対する戦い war on terror 104, 114
テロリズム terrorism 80, 81, 103–105
――の脅威 91, 113–114
――の市民的自由への影響 91
ドイツ Germany 28, 70, 74, 91, 110
国民総生産（GNP） 87
道徳的義務 moral obligation 34
道徳的行為 moral action 36
道徳的判断 moral judgment 39
『人倫の形而上学の基礎づけ』*Groundwork of the Metaphysics of Morals*（カント） 36
投票 voting
権利 53, 59
政治参加としての―― 60
多数決 14
――の機会 59
――の要件 15
平等 12, 13, 14
→「投票権」の項も見よ
投票権 franchise 88
動物の行動 animal behavior 41–43, 46
トクヴィル，アレクシス・ド Tocqueville, Alexis de 14, 23, 25
独裁 dictatorships 81, 83, 91
特別多数 supermajorities 20
独立宣言 Declaration of Independence 21–22
富の不平等 wealth inequality 73, 95
富や報酬の配分 distribution of wealth or rewards 39, 41–44
奴隷制 slavery 22, 135n(7)
トロツキー，レオン Trotsky, Leon 116

［ナ 行］
ナイジェリア Nigeria 87
内戦 civil war 78
ナチズム Nazism 28, 91
2001年9月11日（のテロ攻撃）*September 11, 2001* 81, 103, 110
ニュージーランド New Zealand 24, 26
ニューディール New Deal 110
人間社会 human societies 5
人間性 human nature 33, 34, 39, 58, 130, 137n(4)
――の基本的側面 46, 117
人間的欲求 human drives 4–5, 34, 57, 117
人間の理性 human reason 35–36, 46–47, 55

——の限界　36–37, 44–45
　無知と——　37–39
ノルウェー Norway　10, 90, 122

［ハ　行］
ハイデン，トム Hayden, Tom　128
発生論 genetics　42, 45, 46, 53
バーテルズ，ラリー Bartels, Larry　95
ハンバーガー，ジョセフ Hamburger, Joseph　49–50
ヒエラルヒー・階統制 hierarchies　102
　——の権威　27–28, 39, 129, 137n（1）
美的理解 esthetic understanding　45
ヒトラー，アドルフ Hitler, Adolf　28, 91, 110
ヒューム，デイヴィッド Hume, David　34, 35
表現の自由 freedom of expression　16, 17, 89
貧困 poverty　29, 73
ヒンドゥー教 Hinduism　29, 52
ファシズム Fascism　28, 91
福祉国家 welfare state　110
不公平の忌避 inequity aversion　44
ブッシュ，ジョージ Bush, George W.　107–108, 114, 142n（12）
不平等 inequality　→「政治的不平等」の項を見よ
プラトン Plato　27
フランス France　24, 90
　——における政治的平等の増大　24
　——におけるデモクラシー　10
文化的規範 cultural norms　97
分業 division of labor　139n（11）
米州機構 Organization of American States（OAS）　75
ベルギー Belgium　24, 77
変化／改革 change/reform
　公共政策の面における——　12
　政治的平等に向けての——　27–31, 33, 34–35, 53–54, 109, 115–116
　政治的不平等に向けての——　55, 83
　文化的——　110
　平和的で革命的な——　127–129
　——を引き起こす動機　41
　暴力をともなわない——　49–50
偏見 prejudice　51
法システム legal systems　53, 54
報酬原理 reward principle　42, 43, 44, 128
法的権利 legal rights　23, 52
暴力 violence　78
北米自由貿易協定 North American Free Trade Agreement（NAFTA）　75
「ポートヒューロン宣言」“Port Huron Statement”　127
本質的平等 intrinsic equality　7

［マ　行］
マルクス，カール Marx, Karl　97, 116
マルクス＝レーニン主義 Marxism-Leninism　28
ミル，ジェイムズ Mill, James　49–50
ミル，ジョン・ステュアート Mill, John Stuart　8, 49
民主社会をめざす学生同盟 Students for a Democratic Society（SDS）　127, 129
民主主義・デモクラシー democracy　4
　国ごとのランク付け　155
　現実のシステム　13–14
　合議　14
　参加型の——　128–129
　資源の不平等な配分　59
　政治的平等と——　9–14
　代議制型の——　14, 15–24, 89, 129
　——に対する挑戦　75

——に必要な基本的権利　18–19, 58–59
——に向けての閾値的な水準　13, 16, 20, 57, 82, 83, 92–93, 105
——に向けての平和的な変化　127–129
——の帰結　25
——の実現可能性　18
——の望ましさ　11, 18, 20
——の目標　4
理念　11–13, 14, 16–17
理念的 対 現実の——　3–4, 9–11, 130–131
民主的国家 democratic countries　76
——における影響力の配分　62–63
——における生活の質　120–122
——における政治的平等　25, 26, 82
——における多様性　78
——における不平等　57
——における理想の政治的平等 対 現実の政治的平等　3–5, 11
——における立法府への代表　69, 70
——のランク付け　89–90, 91, 155
ムッソリーニ，ベニート Mussolini, Benito　91

［ヤ　行］
抑制と均衡 checks and balances　105
ヨーロッパ Europe　15, 22–23, 26, 27, 94–95, 121
ヨーロッパ連合 European Union（EU） 75, 76, 102
世論調査 opinion surveys　106

［ラ　行］
利益集団 interest groups　16
理性 reason　→「人間の理性」の項を見よ
理想的な政治社会 ideal political society　101
利他主義 altruism　34, 41, 47–48
立法 lawmaking　65
流動性 mobility
「移住者たち」の——　99
ルソー，ジャン－ジャック Rousseau, Jean-Jacques　13
レーニン，ウラジーミル Lenin, Vladimir I.　110
労働者階級 working class　8, 26, 88, 128–129
ローズヴェルト，フランクリン・デラノ Roosevelt, Franklin Delano　61, 62
ロック，ジョン Locke, John　17
ロールズ，ジョン Rawls, John　37–40

附録　ポリアーキー度（ポリアーキー・スコア）の定義
デモクラシーの進展度に応じてランク付けされた国の数

スコア	短い解釈
1	有意味で公平な選挙がおこなわれ，政治的な組織を作り表現をおこなう完全な自由が存在する。メディアのなかでは政府の公式な見解が若干優先的に報道される傾向がある。
2	有意味で公平な選挙がおこなわれ，政治的な組織を作る完全な自由が存在する。ある種の公的な異議申し立ては抑圧され，メディアのなかでは政府の公式な見解が優先的に報道される。
3	有意味で公平な選挙がおこなわれるが，ある種の独立した政治的組織は禁圧される。ある種の公的な異議申し立ては抑圧され，メディアのなかでは政府の公式な見解が優先的に報道される。
4	選挙は不正行為や強制によってねじ曲げられ，ある種の独立した政治的組織は禁圧される。ある種の公的な異議申し立ては抑圧され，メディアのなかでは政府の公式な見解が優先的に報道される。
5	有意味な選挙はおこなわれず，ある種の独立した政治的組織は禁圧される。ある種の公的な異議申し立ては抑圧され，メディアのなかでは政府の公式な見解が優先的に報道される。
6	有意味な選挙はおこなわれず，非政治的な組織だけが独立を許される。ある種の公的な異議申し立ては抑圧される。メディアのなかでは政府の公式な見解が優先的に報道される。
7	有意味な選挙はおこなわれず，非政治的な組織だけが独立を許される。ある種の公的異議申し立ては抑圧され，公式なメディアの代替物は非常に限られる。
8	有意味な選挙はおこなわれず，あらゆる組織が政府や公式の政党によって禁止され，あるいは管理される。あらゆる公的異議申し立ては抑圧され，公式なメディアの代替物は非常に限られる。
9	有意味な選挙はおこなわれず，あらゆる組織が政府や公式の政党によって禁止され，あるいは管理される。ある種の公的異議申し立ては抑圧され，公式な情報の代替物は公開の場には存在しない。
10	有意味な選挙はおこなわれず，あらゆる組織が政府や公式の政党によって禁止され，あるいは管理される。あらゆる公的異議申し立ては抑圧され，公式な情報の代替物は公開の場には存在しない。

サピエンティア　**08**
政治的平等とは何か

2009年 5 月29日　初版第 1 刷発行

著　者　ロバート・A. ダール
訳　者　飯田文雄・辻 康夫・早川 誠
発行所　財団法人法政大学出版局
〒102-0073 東京都千代田区九段北 3-2-7
電話 03(5214)5540／振替 00160-6-95814
製版・印刷　三和印刷／製本　誠製本
装　幀　奥定 泰之

ISBN 978-4-588-60308-2　　Printed in Japan

著 者

ロバート・A. ダール（Robert A. Dahl）

1915年アイオワ州生まれ。ワシントン大学卒業後，1940年，イェール大学より博士号取得。アメリカ合衆国農務省勤務および兵役（1944–45年）を経て，1946年からイェール大学で教鞭をとり，1986年に退官。1966–67年，アメリカ政治学会会長を務めた。1995年，Johan Skytte 政治学賞を受賞。現在，イェール大学名誉教授（スターリング記念寄付講座教授号）。著書は多数あるが，主な邦訳に，『民主主義理論の基礎（第 2 版）』（内山秀夫訳，未來社，1978年），『ポリアーキー』（高畠通敏・前田脩訳，三一書房，1981年），『統治するのはだれか』（河村望・高橋和宏監訳，行人社，1988年），『現代政治分析』（高畠通敏訳，岩波書店，1999年），『デモクラシーとは何か』（中村孝文訳，岩波書店，2001年），『アメリカ憲法は民主的か』（杉田敦訳，岩波書店，2003年），J. ボセッティ編『ダール，デモクラシーを語る』（伊藤武訳，岩波書店，2006年）などがある。

訳 者

飯田文雄（いいだ ふみお）

1961年生まれ。

現在，神戸大学大学院法学研究科教授。専攻 : 現代政治理論・アメリカ政治思想史

主要業績 :『デモクラシーの政治学』（共著，東京大学出版会，2002年），「運命と平等――現代規範的平等論の一断面」『年報政治学 2006–I』（2006年），『現代政治理論』（共著，有斐閣，2006年）

辻　康夫（つじ やすお）

1963年生まれ。

現在，北海道大学法学研究科教授。専攻 : 政治理論・政治思想

主要業績 :「市民社会と小集団（1）–（3）」『北大法学論集』55巻1, 3, 6号（2004–2005年），「文化的多様性と社会統合――カナダの先住民とフランス系住民をめぐって」『年報政治学 2007–2』（2007年），『政治学のエッセンシャルズ』（共編著，北海道大学出版会，2008年）

早川　誠（はやかわ まこと）

1968年生まれ。

現在，立正大学法学部教授。専攻 : 政治学・現代政治理論

主要業績 :『政治の隘路』（創文社，2001年），『はじめて学ぶ政治学――古典・名著への誘い』（共著，ミネルヴァ書房，2008年），「熟議デモクラシーとグローバル化の諸側面」『思想』（岩波書店，2009年）